gong.conects.com

김용재 편저

김용재
코어 CORE 공무원

회계학

원가관리회계편

수석합격자가 직접 개발한
효율적인 풀이법 수록!

중요내용 위주의 학습으로
남들보다 빠르게 불자!

최신개정판

https://**hmstory.kr**

gong.conects.com

김용재 편저

김용재
코어 **CORE** 공무원

회계학

원가관리회계편

수석합격자가 직접 개발한
효율적인 풀이법 수록!

중요내용 위주의 학습으로
남들보다 빠르게 붙자!

최신개정판

https://hmstory.kr

gong.conects.com

김용재 편저

김용재
코어 C⦿RE 공무원

회계학

원가관리회계편

수석합격자가 직접 개발한
효율적인 풀이법 수록!

중요내용 위주의 학습으로
남들보다 빠르게 붙자!

최신개정판

https://hmstory.kr

머리말
PREFACE

● 김용재 공무원 회계학의 특징 ●

1. 정말로 시험에 나오는 것만 가르치겠습니다!

저는 수험생 때 시험에 자주 나오지 않는 내용은 과감하게 제끼고, 중요 내용만 공부했습니다. 주위 친구들은 너무 많이 제끼는 것 아니냐 걱정해줬죠. 하지만 결과적으로 그 해에 시험을 본 만 명의 수험생 중에서 가장 높은 점수를 받고 수석으로 합격하였습니다. 회계학 시험의 수석을 해 본 사람으로서 자신하게 말씀드리겠습니다. 중요내용만 컴팩트하게 공부하는 것이 고득점, 그리고 단기합격으로 가는 지름길입니다.

제 목표는 명확합니다. 여러분들이 '1년 안에' 합격하는 것입니다. 수험 기간이 길어진다는 것은 굉장히 힘든 일입니다. 여러분 자신도 힘들겠지만, 여러분을 응원해주시는 부모님을 생각해서라도 우리 반드시 1년 안에 합격해야 합니다. 1년 안에 합격하기 위해서는 아직 출제되지 않은 내용, 그리고 가끔 나오는 내용을 봐서는 안 됩니다. 공부 범위를 넓히면, 아는 것은 많아지겠지만, 중요 내용에 집중하기는 어렵습니다. 그리고 그만큼 합격이 늦어질 수밖에 없습니다.

제가 지난 10년간의 회계학 기출문제를 철저히 분석한 결과, 전체 주제 중 약 60%의 주제에서 80% 이상의 문제가 나옵니다. 80%는 일반적으로 공무원 시험 합격에 필요한 회계학 점수입니다. 저는 합격에 필요한 이 60%의 주제에 집중할 것입니다. 시험에 자주 나오지 않는 주제는 과감히 삭제하고, 핵심 주제도 요약해서 기존 강의 대비 절반의 분량으로 여러분들 1년 안에 합격시킬 것입니다.

제가 기존 강의 대비 절반의 분량으로 여러분들 합격시킨다고 하니까, 걱정하시는 분도 있습니다. 제 교재와 강의를 통해 커버되지 않는 부분은 20문제 중에서 보통 한 문제, 정말 예외적인 경우 두 문제입니다. 9급의 경우 100문제를 100분 안에 풀어야 합니다. 마킹도 해야되니까 1문제를 1분 안에 풀어야 합니다. 모든 내용을 다 알더라도 현실적으로 주어진 시간 안에 회계학 20문제를 다 풀기 어렵습니다. 지엽적인 주제까지 공부해서, 운 좋게 현장에서 해당 주제가 출제되었더라도, 지엽적인 문제는 난이도가 어렵기 때문에 다른 문제에 비해 시간이 오래 걸립니다. 그렇다면, 지엽적인 문제를 과감하게 제끼고, 다른 쉬운 문제 2문제를 더 푸는 게 낫습니다. 모든 내용을 공부하게 되면 상대적으로 중요 내용에 대한 숙련도가 낮기 때문에 중요 문제마저도 푸는데 오래 걸리고, 지엽적인 문제도 오래 풀기 때문에, 중요 문제만 푸는 여러분이 제한된 시간 안에서 더 많은 문제를 풀 수 있습니다.

　우리, 중요 내용만 확실하게 대비해서 1년 안에 합격합시다.

2. 직접 개발한 효율적 풀이법 중심의 강의

　저 김수석이 직접 개발한 효율적인 풀이법을 여러분께 전수할 것입니다. 저는 수험생 때 기존 풀이법을 배우면서 '더 나은 방법은 없을까?' 항상 고민했습니다. 그렇게 하나씩 하나씩 직접 풀이법들을 고안하고, 수정하기 시작했습니다. 풀이법들이 쌓이다 보니 전범위에 걸쳐서 저만의 풀이법이 생겼습니다. 그걸 저는 수험생 때 노트로 만들었고, 그게 책으로 나온 것이 이 코어 회계학입니다.

　제 수업을 들으시면 아시겠지만, 기존 풀이법을 그대로 사용하는 주제가 몇 없을 정도로 제가 만든 풀이법과 암기법이 대부분입니다. 제 풀이법의 위력이 바로 회계사 시험 수석 합격으로 증명되었죠. 긴장되는 상황 속에서 시간의 압박을 받으면서도 많은 문제를 빠르고 정확하게 풀 수 있었던 것은 바로 제가 만든 풀이법 덕분이었습니다. 제가 기존의 풀이법으로 공부했다면 수석 합격은 불가능했을 것입니다.

　저는 이 풀이법을 단계별로 세분화해서 교재에 서술해 놓았습니다. 문제 풀이 과정을 글로 쓰는 것은 굉장히 어색하고 어려운 작업입니다. 표는 어떻게 그리고, 각 칸에는 어떤 숫자가 와야 되는지 말로 설명하는 것은 자연스러운데, 글로 쓰기는 굉장히 어색합니다. 그 결과 기존 책들은 기준서 문장으로 가득 차게 되었습니다. 전 여러분이 조금이라도 쉽고, 편하게 이해할 수 있으면 제 책이 어색한 것은 전혀 상관없습니다. 그래서 책을 강의 대본처럼 말하듯이 썼습니다. 그렇기에, 여러분께서 제 수업을 듣고 혼자서 복습할 때 책만 보더라도 과외를 받는 느낌이 들고, 더 쉽게 이해될 겁니다.

　제가 효율적인 풀이법으로 1년 반만에 수석 합격할 수 있었듯이, 여러분들도 제 풀이법으로 푸신다면 단기간 안에 공무원 회계학 고득점, 충분히 달성할 수 있습니다.

● 커리큘럼

구분	강의수	일정	교재	내용
1. 회계원리	16	5월	코어 회계학 회계원리편	회계학 입문
2. 재무회계 기본	40	7-8월	코어 회계학 재무회계편	재무회계 중요 내용
3. 원가관리회계	24		코어 회계학 원가관리회계편	원가관리회계
4. 재무회계 심화	52	9-10월	파워 회계학 재무회계편	재무회계 중요 내용의 심화 문제 & 심화 내용
5. 정부회계	12		코어 회계학 정부회계편	정부회계
6. 요약노트	16	추석특강	코어 회계학 요약노트 필다나	공무원 회계학 전체 내용 요약
7. 100개 패턴	32	10-11월	100개 빈출 패턴 회계학	100개 빈출 패턴
8. 특수주제	16	11월	7급 대비 파이널 회계학	지엽적인 주제 특강
9. 연도별 기출	32	12월	연도별 기출문제집 기다나	17~22 9급 연도별 기출문제
10. 진도별 모의	32	1월	공무원 회계학 진도별 모의고사	진도별 모의고사 16회분
11. 동형모의	32	2월	공무원 회계학 동형모의고사	동형모의고사 16회분
12. 연도별 심화 기출	24	4-5월	7급 대비 파이널 회계학	서울시 9/7급, 국가직 7급 연도별 기출문제

머리말

PREFACE

● 코어 회계학 소개 및 활용법 ●

1. 코어 회계학 원가관리회계편 교재 소개

코어 회계학은 회계원리편, 재무회계편, 원가관리회계편, 정부회계편 총 4권으로 나뉩니다. 이 중에서 재무회계만 기본과 심화로 나누었습니다. 원가관리회계과 정부회계는 분량이 적기 때문에 기본, 심화 구분 없이 코어 회계학에서 모든 내용을 다룰 것입니다.

심화서를 별도로 구분하지 않았기 때문에 난이도가 다소 높거나, 자주 출제되지 않는 내용에는 심화 표시하였습니다. 한번 공부해보고 너무 어려워서 이해가 되지 않는다면 해당 내용은 넘어가도 괜찮습니다.

2. 교재에 수록된 문제 활용법

본 교재에 수록된 문제는 연습하기 위한 용도가 아닌 배우기 위한 용도입니다. 유형별로 적은 문제를 보고 바로 문제를 스스로 풀기는 어려울 것입니다. 문제가 바로 풀리지 않는다고 스트레스를 받기보다는 해설을 보고 풀이 방법을 습득하는 것에 초점을 맞추시길 바랍니다. 해설도 별도로 분리하지 않고 본문에 실어놓은 이유입니다. 연습은 이후에 기출문제 풀이 과정에서 수없이 할 것입니다. 코어 회계학을 볼 때까지는 너무 마음을 조급하게 먹지 말고, '개념을 습득하는 것'을 목표로 공부하길 바랍니다.

3. 코어 회계학 원가관리회계편 수강대상

(1) 원가관리회계가 출제되는 회계학 시험을 보는 공무원 수험생

공무원 회계학을 응시하는 분들이 크게 세무직 9급, 관세직 9급, 국가직 7급으로 나뉩니다. 이 중에서 관세직 9급에서는 원가관리회계 및 정부회계가 출제되지 않습니다. 따라서 관세직 수험생 분께서는 원가관리회계를 공부하지 않으셔도 됩니다.

(2) 재무회계의 기초 내용을 숙지한 수험생

원가관리회계는 재무회계를 기반으로 합니다. 따라서 혹시라도 재무회계 강의를 수강하지 않으셨다면, 재무회계 강의를 먼저 수강하시고 원가관리회계를 공부하시기 바랍니다. 원가관리회계에서는 재무회계 내용을 안다고 가정하고 강의를 진행할 것입니다.

● 수험생 여러분께 ●

여러분이 지금 어느 신분인지 잘 생각해보세요. 여러분은 '학자'가 아니라 '수험생'입니다. 수단과 방법을 가리지 말고 어떻게 해서든 시험에서 한 문제라도 더 맞히면 됩니다. 수험 공부를 운전 연습에 비유해보겠습니다. 우리는 어떻게 시동을 걸고, 어떻게 앞으로 움직이고, 어떻게 브레이크를 밟는 지를 배웁니다. 어떤 원리로 기름이 연소 되어, 동력을 만들고, 바퀴가 굴러가는 지 배우지 않습니다. 우리는 자동차의 '조작법'을 배우는 것이지, 자동차의 '작동 원리'를 배우는 것이 아닙니다.

수험 공부도 마찬가지입니다. 제 모든 교재와 강의는 오로지 '시험 문제 풀이 방법'에 초점을 맞추고 있습니다. 여러분들은 제가 설명해 드리는 풀이법대로 문제를 풀 수만 있으면 됩니다. 그 풀이법이 어떻게 해서 만들어졌는지 이론적 배경은 중요하지 않습니다. 그렇다 보니 결론만 있고, 설명이 없어서 이해가 가지 않는 부분도 있을 것입니다. 설명이 없는 것은 문제 풀이에 도움이 되지 않기 때문에 달아놓지 않은 것입니다. 수험생 여러분도 공부할 때 '어느 주제가 자주 출제되는지', '문제가 어떻게 출제되는지', '문제를 어떻게 풀어야 하는지'에 집중하셨으면 좋겠습니다. 이것 외에는 여러분에게 전혀 중요하지 않습니다.

개별 주제에 대한 설명뿐만 아니라, 제가 '다루는 주제' 자체도 다른 교재에 비해 적습니다. 저는 수년 치의 국가직 및 지방직 기출 문제를 분석하여 출제 빈도가 낮은 주제는 과감히 삭제하거나, 심화서로 넘기고, 출제 빈도가 높은 주제 위주로 서술하였습니다. 단기 합격을 위해서는 모든 주제를 똑같은 강도로 공부하는 것이 아니라, 중요도에 따라서 다른 강도로 공부해야 합니다. 자주 출제되는 주제는 부연 설명을 덧붙여서 인싸이트를 키울 수 있도록 했고, 거의 출제되지 않는 주제는 결론만 외워서 문제를 풀도록 짧게 서술했습니다.

책이 얇다고 불안해하실 필요 없습니다. 책이 얇기 때문에 여러분은 핵심을 더 잘 숙지할 수 있는 것입니다. 지금부터 김용재의 코어 공무원 회계학 시작합니다! 여러분의 인생에 이 책이 작은 도움이라도 되길 바랍니다.

수험생 여러분의 합격을 진심으로 기원하며.

김용재

회계사 올림.

목 차
CONTENTS

COST ACCOUNTING
김용재 코어 공무원 회계학 원가관리회계

▌ 이 장의 출제 뽀인트!

① 원가의 분류
② 제조원가의 흐름 ★중요!
1장은 공무원 시험에서 국가직, 지방직 모두 평균적으로 1문제 이상 출제되는 아주 중요한 주제이다. 대부분의 문제는 제조원가의 흐름(재공품-제품-매출원가)에서 출제되었다. 다음으로는 원가의 종류(기본원가, 전환원가, 기간원가)를 구분하는 문제가 빈번히 출제되었다.

01

원가회계의 기초

원가회계의 기초

1 원가회계의 개념

	재무회계	원가회계
대상 기업	상기업	제조기업
재고자산	상품(구입)	제품(제조)

상기업을 가정한 재무회계와 달리 원가회계는 제조기업을 가정한다. 상기업은 상품을 구입해서 팔지만, 제조기업은 제품을 직접 제조하기 때문에 재고자산의 원가를 계산해야 한다. 이 재고자산의 원가를 계산하는 것이 바로 원가회계이다. 원가회계 전반에 걸쳐서 다양한 원가 계산 방법에 대해 배울 것이다.

참고로, '관리회계'라는 것이 있는데, 이는 내부 경영진의 의사결정 등에 유용한 정보를 제공하는 회계를 뜻한다. 분량상 원가회계와 같이 다루어 '원가관리회계'로 묶는다. 본서는 목차를 원가회계와 관리회계를 구분하지 않았으며, 수험생이 이해하기 쉬운 순서로 배열하였다. 어느 장이 원가회계이고, 어느 장이 관리회계인지는 수험 목적상 전혀 중요하지 않다.

2 원가의 분류

1. 의사결정과 관련성에 따른 분류

(1) 관련원가: 특정 의사결정과 관련이 있는 원가로, 고려하는 대안 간 차이가 나는 원가

> **예** 기회원가(=기회비용): 특정 대안을 선택하기 위해 포기해야 하는 순이익 중 가장 큰 것.
> 공시 공부와 취업을 고민하는 시점에서 공시 공부를 하기로 결정했다면 취업을 통해 얻을 수 있는 월급이 기회원가에 해당한다. 기회원가는 회계상으로 인식하는 비용은 아니지만 이익을 포기하는 것이므로 의사결정 시 고려하는 관련원가에 해당한다. 자세한 내용은 '11장 기타관리회계'에서 다룰 것이다.

(2) 비관련원가: 특정 의사결정과 관련이 없는 원가로, 고려하는 대안 간 차이가 없는 원가

　　예 매몰원가(=매몰비용): 현재 의사결정과 무관하게 과거에 이미 발생한 비용.
　　1년간 준비한 시험에서 떨어진 상황에서 재시를 할지, 포기를 할지 고민하는 시점에서 지난 1년
　　은 매몰원가에 해당한다. 매몰원가는 어떤 의사결정을 하더라도 바뀌지 않는 고정된 비용이므로
　　의사결정 시 고려하지 않는 비관련원가에 해당한다.

2. 통제가능성에 따른 분류

(1) 통제가능원가: 관리자가 통제할 수 있는 원가. **성과평가 시 반영**해야 하는 원가이다.

(2) 통제불능원가: 관리자가 통제할 수 없는 원가. 성과평가 시 반영하면 안 되는 원가이다.

 원가의 분류

01 각 사업부의 성과를 평가하고 그 결과에 따른 보상 제도를 실시하려고 할 경우 고려해야
　　할 적절한 원가는?
　　　　　　　　　　　　　　　　　　　　　　　　　　　　　　　　　2011. 국가직 9급

　　① 고정원가　　　　　　　　　　　② 매몰원가
　　③ 통제가능원가　　　　　　　　　④ 기회원가

> ● 해설
>
> 성과평가 시 고려해야 할 원가는 각 사업부에서 통제할 수 있는 원가여야 한다. 따라서 통제가능원가가
> 적절하다. 고정원가, 매몰원가, 기회원가는 사업부에서 통제할 수 없는 원가이다.
> 　　　　　　　　　　　　　　　　　　　　　　　　　　　　　　　　　　답 ③

3. 추적가능성에 따른 분류

(1) 직접원가: 특정 원가대상에 직접 추적할 수 있는 원가

　　직접원가란 특정 원가대상에 직접 추적할 수 있는 원가를 말한다. 직접원가는 원가대상에 직접 추
　　적할 수 있으므로 원가 계산 시 정확하게 반영할 수 있다.

(2) 간접원가: 특정 원가대상에 직접 추적할 수 없는 원가

　　간접원가란 특정 원가대상에 직접 추적할 수 없는 원가를 말한다. 간접원가는 원가대상에 직접 추
　　적할 수 없으므로 원가 계산 시 배부기준을 이용하여 원가대상에 배분한다.

4. 원가행태에 따른 분류

	총원가	단위당 원가
변동원가	조업도에 비례	고정
고정원가	고정	조업도에 반비례

(1) 변동원가

변동원가란 관련범위(현재 생산 가능한 범위) 내에서 조업도(ex>생산량)의 증가에 따라 총원가가 일정하게 증가하는 원가를 뜻한다. 강의를 단과로 듣는 것이 변동원가의 예이다. 단과는 내가 강의를 듣는 만큼 총 강의료가 올라간다.

변동원가는 총원가가 조업도 증가에 따라 일정하게 증가하므로 단위당 변동원가는 조업도의 변화와 관계없이 일정하다. 앞으로 배울 직접재료원가, 직접노무원가, 변동제조간접원가, 변동판매관리비가 변동원가에 해당한다.

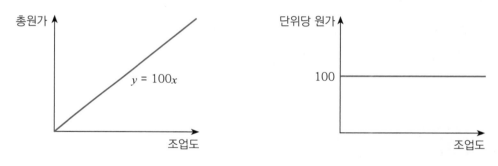

(2) 고정원가

고정원가는 조업도가 변하더라도 총원가가 일정한 원가를 뜻한다. 강의를 프리패스로 듣는 것이 고정원가의 예이다. 프리패스 가격을 이미 지불했기 때문에 내가 강의를 얼마를 듣던 총 강의료는 불변이다.

고정원가는 총원가가 일정하므로 단위당 고정원가는 조업도에 반비례한다. 앞으로 배울 고정제조간접원가, 고정판매관리비가 고정원가에 해당한다.

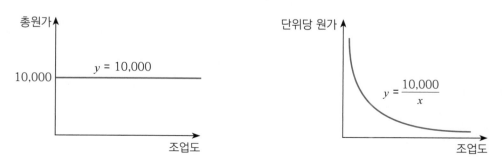

(3) 준변동원가

준변동원가는 변동원가와 고정원가가 모두 포함되어있는 원가를 뜻한다. 조업도가 0이어도 고정원가가 발생하며, 조업도가 증가하는 만큼 추가로 변동원가가 발생한다. 택시비가 대표적인 준변동원가의 예이다. 택시비는 기본요금이 있고, 그 이후에 추가로 미터당 요금이 부과된다. 기본요금이 고정원가의 성격을 띠고, 미터당 요금이 변동원가의 성격을 띤다.

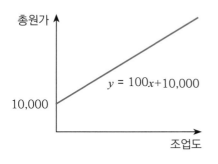
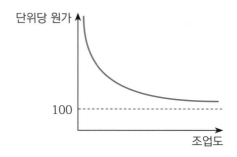

(4) 준고정원가(=계단원가)

준고정원가는 관련범위 내에서는 조업도에 관계없이 원가가 불변인 고정원가의 형태를 띄지만, 관련범위를 벗어나면 그 고정원가가 변동하여 변동원가적 성격도 띠는 원가를 뜻한다.

수학여행을 갈 때 45인승 버스를 대여하는 것이 준고정원가의 예이다. 학생 수가 1~45명일 때까지는 버스 1대면 되지만, 46명이 되는 순간 버스 2대를 대여해야 모든 학생들이 버스를 탈 수 있다. 학생 수가 0~45명일 때는 원가가 고정이지만, 해당 범위를 벗어나면 원가가 증가한다.

조업도 대비 총원가의 그래프가 계단형을 띄어서 '계단원가'라고 부르기도 한다. 준고정원가는 자주 등장하는 원가행태는 아니며, CVP분석에서 가끔 등장한다.

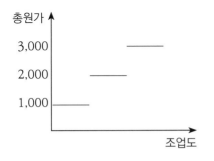
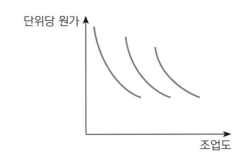

예제 원가행태에 따른 분류

01 준고정(계단)원가에 대한 설명으로 옳은 것은? (단, 조업도 이외의 다른 조건은 일정하다고 가정한다)

2016. 지방직 9급

① 조업도와 관계없이 단위당 원가는 항상 일정하다.

② 일정 조업도 범위 내에서는 조업도의 변동에 정비례하여 총원가가 변동한다.

③ 일정 조업도 범위 내에서는 총원가가 일정하지만, 일정 조업도 범위를 초과하면 총원가가 일정액만큼 증가한다.

④ 일정 조업도 범위 내에서는 조업도의 변동에 관계없이 총원가가 일정하므로, 단위당 원가는 조업도의 증가에 따라 증가한다.

> ● 해설
>
> ①, ② 변동원가에 대한 설명이다.
> ④ 준고정원가에 대한 설명이지만, 총원가가 일정하므로 단위당 원가는 조업도의 증가에 따라 **감소한다.**
>
> 답 ③

3 제조원가의 분류

제조원가란, 재고자산의 제조와 관련된 원가를 말한다. 제조원가는 **직접재료원가, 직접노무원가, 제조간접원가**로 구분된다.

	재료원가	노무원가	제조경비
직접원가	직접재료원가(DM)	직접노무원가(DL)	
간접원가	제조간접원가(OH)		

1. 직접재료원가(DM, Direct Material cost)

직접재료원가란, 재료원가 중 직접 추적이 가능하여 직접원가로 분류되는 원가를 의미한다. 원가회계에서 직접재료원가는 변동원가로 분류한다.

2. 직접노무원가(DL, Direct Labor cost)

직접노무원가란, 제품제조에 참여하는 작업자들에게 지급되는 노무원가 중 직접 추적이 가능하여 직접원가로 분류되는 원가를 의미한다. 원가회계에서 직접노무원가도 직접재료원가와 동일하게 변동원가로 분류한다.

3. 제조간접원가(OH, OverHead cost)

제조간접원가란 제조원가 중 직접재료원가와 직접노무원가를 제외한 모든 원가를 의미한다. 제조간접원가에는 간접재료원가, 간접노무원가, 제조경비가 포함된다. 문제에서 제조간접원가를 직접 제시하는 것이 아니라 하위 항목으로 제시하는 경우도 있으므로 재료원가 및 노무원가 중 간접원가는 제조간접원가에 해당한다는 것을 기억하자.

제조간접원가는 원가행태에 따라 변동제조간접원가와 고정제조간접원가로 구분한다. 제조간접원가 중 변동원가에 해당하는 원가는 변동제조간접원가로, 고정원가에 해당하는 원가는 고정제조간접원가로 분류한다. 가령, 공장의 전력비는 제품 생산량에 비례하므로 변동제조간접원가에 해당하고, 공장의 임차료는 제품 생산량과 무관하므로 고정제조간접원가에 해당한다.

4. 기본원가, 기초원가 VS 가공원가, 전환원가 중요!

제조원가		
직접재료원가(DM)	직접노무원가(DL)	제조간접원가(OH)
기본원가, 기초원가		
	가공원가, 전환원가	

(1) 기본원가, 기초원가=DM+DL

제조원가 중 DM과 DL의 합을 기본원가 혹은 기초원가(Prime cost)라고 부른다. 제품원가 중 직접재료원가와 직접노무원가가 가장 기본적인 요소이기 때문이다.

(2) 가공원가, 전환원가 = DL + OH

제조원가 중 DL과 OH의 합을 가공원가 혹은 전환원가(Conversion cost)라고 부른다. 원재료의 상태를 직접노무와 제조경비 등을 투입하여 제품으로 가공하는 데 소요되는 원가이기 때문이다. 여기서 직접노무원가는 기본원가와 가공원가에 모두 포함되는 원가라는 것을 반드시 기억하자. 문제에서는 어느 용어로 제시할지 모른다. 위의 4가지 용어 모두 숙지해두자.

예제 **제조원가의 분류**

01 기본원가와 가공원가에 공통적으로 해당하는 항목은?   2013. 국가직 9급

① 제품제조원가   ② 제조간접원가

③ 직접재료원가   ④ 직접노무원가

답 ④

02 다음은 ㈜한국이 생산하는 제품에 대한 원가자료이다.

• 단위당 직접재료원가	₩28,000
• 단위당 직접노무원가	₩40,000
• 단위당 변동제조간접원가	₩60,000
• 월간 총고정제조간접원가	₩200,000

㈜한국의 제품 단위당 기초(기본)원가와 단위당 가공(전환)원가는? (단, 고정제조간접원가는 월간 총생산량 20단위를 기초로 한 것이다)   2021. 국가직 9급

	단위당 기초(기본)원가	단위당 가공(전환)원가
①	₩68,000	₩110,000
②	₩68,000	₩128,000
③	₩110,000	₩68,000
④	₩128,000	₩68,000

> **해설**
>
> 단위당 기초원가: 28,000 + 40,000 = 68,000
> 단위당 가공원가: 40,000 + 70,000 = 110,000
> – 단위당 OH: 60,000 + 200,000/20 = 70,000
> – 문제에 '총'고정OH를 제시했으므로, 단위당 원가로 환산하기 위해서는 생산량 20으로 나누어야 한다.
>
> 답 ①

5. 비제조원가

비제조원가란 제조원가의 반대말로, 재고자산의 제조와 관련이 없는 원가를 말한다. 판매비와관리비가 비제조원가에 해당한다. 광고비, 판매수수료, 판매직원 급여 등의 판매비와 본사 건물의 보험료, 관리직원 급여, 영업 관련 비용 등의 관리비가 있다. 판매비와 관리비를 구분할 필요는 없으며, 이들이 전부 비제조원가라는 것만 알면 된다. 판매관리비도 제조간접원가와 동일하게 변동판매관리비와 고정판매관리비로 구분한다.

 제조간접원가 vs 비제조원가: 생산과 관련이 있으면 OH, 생산과 무관하면 비제조원가

생산시설(공장)에서 발생한 비용이면 제조간접원가로 분류하지만, 본사 건물, 영업과 관련하여 발생한 비용은 비제조원가(판관비)로 분류한다. '공장 / 본사 건물, 영업'의 사례는 문제에서 자주 출제되는 구분이므로 반드시 기억해두자.

핵심 콕! 원가의 분류 요약

	제조원가				비제조원가	
	DM	DL	변동OH	고정OH	변동판관비	고정판관비
직접 vs 간접	직접원가		간접원가			
변동 vs 고정	변동원가			고정원가	변동원가	고정원가
제조원가 구분	기본원가, 기초원가					
	가공원가, 전환원가					

예제 제조원가의 분류

03 다음 중에서 자동차 생산기업의 제조간접원가에 포함되는 항목은? 2010. 지방직 9급

① 특정 자동차 생산라인에서 일하는 생산직의 급여

② 타이어 생산업체에서 구입한 타이어

③ 판매관리직의 인건비

④ 생산을 지원하는 구매부나 자재관리부 직원의 급여

> **해설**
>
> ①번은 실제로 자동차를 생산하는 인원의 급여이므로 직접노무원가에 해당한다. ④번도 급여이긴 하지만, 생산을 '지원하는' 직원의 급여이므로 간접노무원가에 해당한다. 간접노무원가는 제조간접원가에 포함된다.
> ② 직접재료원가에 해당한다.
> ③ 판매관리비(비제조원가)에 해당한다.
>
> 달 ④

04 다음은 ㈜한국의 2014년 중에 발생한 원가 및 비용에 관한 자료이다. 이 자료를 이용하여 기초원가와 전환원가를 계산하면? 2015. 국가직 9급

직접재료원가	₩60,000	간접재료원가	₩15,000
직접노무원가	₩15,000	간접노무원가	₩7,500
공장건물감가상각비	₩10,000	영업사원급여	₩12,000
공장수도광열비	₩7,000	본사비품감가상각비	₩10,500
공장소모품비	₩5,000	본사임차료	₩15,000

	기초원가	전환원가
①	₩75,000	₩59,500
②	₩75,000	₩97,500
③	₩97,500	₩44,500
④	₩97,500	₩82,000

> **해설**
>
> • 기초원가: 60,000(DM) + 15,000(DL) = 75,000
> • OH = 15,000(간접재료) + 7,500(간접노무) + 10,000 + 7,000 + 5,000(공장 원가) = 44,500
> • 전환원가: 15,000(DL) + 44,500(OH) = 59,500
>
> 달 ①

05 ㈜한국의 2010년 1월 중 발생한 제조원가 및 비용에 대한 자료가 다음과 같을 때, 2010년 1월에 발생한 가공비는? (단, ㈜한국은 2010년 1월초에 ₩3,000, 1월말에 ₩1,000의 직접재료가 있었다)

2011. 지방직 9급

항 목	금 액
직접재료 매입비	₩2,000
직접노무비	₩3,000
감가상각비-공장건물	₩500
감가상각비-영업점포	₩300
공장감독자 급여	₩100
기타 제조간접비	₩200
합 계	₩6,100

① ₩3,800
② ₩4,100
③ ₩5,000
④ ₩6,100

● 해설

항 목	금 액
직접노무비	₩3,000
감가상각비-공장건물	₩500
공장감독자 급여	₩100
기타 제조간접비	₩200
합 계	₩3,800

공장건물에 대한 감가상각비는 제조간접원가로 처리하지만, 영업점포에 대한 감가상각비는 기간원가로 처리한다.

답 ①

06 다음 자료를 이용하여 직접재료원가를 계산하면?

2016. 지방직 9급

• 영업사원급여	₩35,000	• 간접재료원가	₩50,000
• 공장감가상각비	₩50,000	• 매출액	₩700,000
• 공장냉난방비	₩60,000	• 기본(기초)원가	₩350,000
• 본사건물임차료	₩40,000	• 가공(전환)원가	₩300,000

① ₩160,000　　　　　　　　　② ₩190,000

③ ₩210,000　　　　　　　　　④ ₩250,000

● 해설

항 목	금 액
간접재료원가	50,000
공장감가상각비	50,000
공장냉난방비	60,000
제조간접원가 합계	160,000

• 직접노무원가: 300,000(가공원가) − 160,000(OH) = 140,000
• 직접재료원가: 350,000(기본원가) − 140,000(DL) = 210,000

답 ③

4 제조원가의 흐름 중요!

제조원가의 흐름은 매년 1문제 이상 출제되는 정말 중요한 주제이다. 원가회계의 기초가 되는 내용이므로 반드시 숙지하자.

1. 제조기업의 재고자산 계정

완제품을 사서 파는 상기업과 달리 제품을 직접 생산하여 판매하는 제조기업에는 생산과정이 있다. 그 생산 정도에 따라 재고자산을 원재료, 재공품, 제품으로 분류한다. 철을 구입하여 자동차를 만드는 상황을 예로 설명하겠다.

(1) 원재료(=직접재료): 제품의 기본이 되는 재료로, 직접재료라고도 부른다. 원가회계에서 원재료는 구입하여 사용하는 것으로 가정한다.

　예 밀가루

(2) 재공품: 재공품은 미완성 상태의 재고자산을 뜻한다. 기업이 원재료를 생산 공정에 투입하면 재공품이 된다. 완성되면 제품으로 분류하나, 미완성 상태에서는 재공품으로 분류한다.

　예 생산중인 빵

(3) 제품: 제품은 완성된 재공품을 말한다. 제품은 판매되며, 매출원가로 비용화된다.

　예 완성된 빵

2. 제조기업의 원가 흐름 계정별 원장

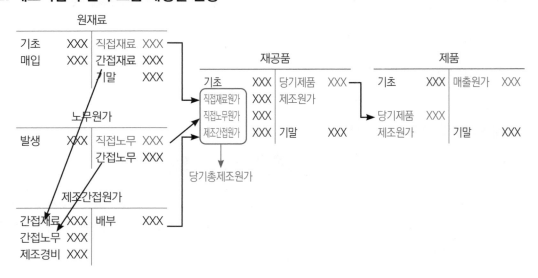

- 직접재료원가(DM) = 기초 원재료 + 매입액 – 기말 원재료
- 당기총제조원가 = DM + DL + OH
- 당기제품제조원가 = 기초 재공품 + 당기총제조원가 – 기말 재공품
- 매출원가 = 기초 제품 + 당기제품제조원가 – 기말 제품

(1) 직접재료원가(DM)

재료원가는 재료 사용액이라고 생각하면 된다. 재료원가는 기초 원재료액에서 매입액을 더한 뒤, 기말 원재료액을 차감해서 구한다. 재료원가는 직접재료원가와 간접재료원가로 나뉘지만, 대부분의 문제에서는 간접재료원가를 제시하지 않는다. 간접재료원가에 대한 언급이 없는 경우 간접재료원가는 없는 것으로 보고 위의 식으로 직접재료원가를 구하면 된다.

(2) 당기총제조원가

당기총제조원가란 당기에 발생한 제조원가의 합으로, 직접재료원가, 직접노무원가, 제조간접원가의 합을 의미한다. 당기총제조원가는 재공품 차변에 계상된다.

(3) 당기제품제조원가

당기제품제조원가란 당기에 완성된 제품의 원가로, 기초 재공품에서 당기총제조원가를 가산하고, 기말 재공품을 차감하여 계산한다.

(4) 매출원가

매출원가란 당기에 판매된 제품의 원가로, 기초 제품에서 당기제품제조원가를 가산하고, 기말 제품을 차감하여 계산한다.

예제   **제조원가의 흐름**

01 원가에 대한 설명으로 옳지 않은 것은?   2015. 지방직 9급

① 기회원가는 여러 대안 중 최선안을 선택함으로써 포기된 차선의 대안에서 희생된 잠재적 효익을 의미하며, 실제로 지출되는 원가는 아니다.

② 매몰원가는 과거 의사결정의 결과에 의해 이미 발생한 원가로서 경영자가 더 이상 통제할 수 없는 과거의 원가로 미래의사결정에 영향을 미치지 못하는 원가이다.

③ 당기총제조원가는 특정 기간 동안 완성된 제품의 제조원가를 의미하며, 당기제품제조원가는 특정 기간 동안 재공품 계정에 가산되는 총금액으로 생산완료와는 상관없이 해당 기간 동안 투입된 제조원가가 모두 포함된다.

④ 관련 범위 내에서 조업도 수준이 증가함에 따라 총변동원가는 증가하지만 단위당 변동원가는 일정하다.

> ● 해설
>
> ③ 당기총제조원가와 당기제품제조원가에 대한 설명을 교체해야 한다.
>
> 🔖 ③

---

02 원가에 관한 설명으로 옳지 않은 것은?   2023. 국가직 9급

① 당기총제조원가는 직접재료원가, 직접노무원가, 제조간접원가를 합계한 금액이다.

② 당기제품제조원가는 당기총제조원가에 기초재공품재고액을 더하고 기말재공품재고액을 차감한 금액이다.

③ 기업은 의사결정 시 기회원가와 매몰원가를 고려하지 않아야 한다.

④ 변동원가는 조업도 또는 활동수준에 따라 변한다.

> ● 해설
>
> 매몰원가와 달리 기회원가(=기회비용)는 관련원가이므로 의사결정 시 고려해야 한다.
>
> 🔖 ③

3. 제조원가의 흐름 도식화 풀이법 ★중요!

	가산		차감		
원재료	기초 매입액	XXX XXX	기말	XXX	⏌ DM
가공원가	DL OH	XXX XXX			⏌ 당기총제조원가
재공품	기초	XXX	기말	XXX	⏌ 당기제품제조원가
제품	기초	XXX	기말	XXX	⏌ 매출원가

직접재료원가, 당기총제조원가, 당기제품제조원가, 매출원가는 정말 자주 출제되는 주제이다. 이를 간단하게 풀기 위해서는 위의 표를 그리면 된다. 기본적으로 재고자산 원장은 차변에 기초와 증가, 대변에 감소와 기말을 표시하므로 같은 방식으로 그리면 된다. 다만, 대변의 감소 항목(DM, 당기총제조원가, 당기제품제조원가, 매출원가)을 적지 않는다. 대변의 감소 항목을 채우지 않은 상태로 다음 원가를 가감해서 누적으로 다음 수치를 계산할 것이다.

(1) DM = 기초 원재료 + 매입액 – 기말 원재료

(2) 당기총제조원가 = DM + DL + OH

(3) 당기제품제조원가 = 당기총제조원가 + 기초 재공품 – 기말 재공품

(4) 매출원가: 당기제품제조원가 + 기초 제품 – 기말 제품

 **문제의 요구사항 바로 구하기**

> 문제에서는 위의 4가지 항목을 전부 묻는 것이 아니라 1, 2개만 묻는다. 이런 경우 DM부터 매출원가까지 하나씩 구하는 것이 아니라, 한 번에 요구사항을 구할 수 있다. 예를 들어 문제에서 매출원가를 물었다면 왼편의 기초 직접재료부터 기초 제품까지 전부 더하고, 오른편의 기말 직접재료부터 기말 제품까지 전부 빼서 매출원가를 한 번에 구할 수 있다. 중간, 중간 금액을 계산하는 것이 아니라, 문제의 요구사항을 한 번에 계산하자.

 **'A는 B의 60%이다.'** ★중요!

> : B를 1로 볼 것!
> 회계학 문제에서는 두 금액을 서로의 비율로 제시하는 경우가 많다. 이때는 B를 1로 보자. 그렇다면 A는 자동으로 0.6이 된다. 미지수를 숫자로 변환해놓고 계산하면 금액을 쉽게 구할 수 있다.

예제 **제조원가의 흐름 - 기본형**

01 ㈜한국의 20X1년 4월 초와 4월 말 재고자산 금액은 다음과 같다.

	20×1. 4. 1.	20×1. 4. 30.
직접재료	₩18,000	₩16,000
재공품	₩4,000	₩14,000
제품	₩16,000	₩12,000

4월 중 직접재료 매입액은 ₩150,000이고, 가공원가는 ₩594,000이다. ㈜한국의 4월 매출원가는?

2019. 국가직 9급

① ₩726,000　　　　　　　　② ₩738,000

③ ₩740,000　　　　　　　　④ ₩752,000

● 해설

	가산		차감		
원재료	기초 매입액	18,000 150,000	기말	16,000	
가공원가	DL OH	594,000			
재공품	기초	4,000	기말	14,000	
제품	기초	16,000	기말	12,000	┘ 매출원가: 740,000

目 ③

02 ㈜대한의 2010년 12월 31일로 종료되는 회계연도의 제조원가와 관련된 자료가 다음과 같을 때, 당기의 매출원가는?

2011. 지방직 9급

• 직접재료비: ₩30,000
• 직접노무비: ₩15,000
• 제조간접비: ₩25,000
• 재공품: 기초재고 ₩10,000, 기말재고 ₩15,000
• 제 품: 기초재고 ₩40,000, 기말재고 ₩35,000

① ₩40,000

② ₩60,000

③ ₩65,000

④ ₩70,000

● 해설

	가산		차감		
원재료	기초 매입액		기말		⌐ DM: 30,000
가공원가	DL OH	15,000 25,000			
재공품	기초	10,000	기말	15,000	
제품	기초	40,000	기말	35,000	⌐ 매출원가: 70,000

답 ④

03 다음 자료를 이용하여 2009년 1월의 매출원가를 계산하면?

2010. 국가직 9급

─────〈자료 1〉─────

재고자산	2009.01.01	2009.01.31
직접재료	₩30,000	₩40,000
재공품	50,000	30,000
제품	70,000	50,000

─────〈자료 2〉─────

- 2009년 1월 중 직접재료 매입액은 ₩110,000이다.
- 2009년 1월 중 직접노무원가의 발생액은 가공원가 발생액의 60%이다.
- 2009년 1월 중 제조간접원가 발생액은 ₩80,000이다.

① ₩340,000   ② ₩370,000

③ ₩400,000   ④ ₩420,000

● **해설**

	가산		차감		
원재료	기초 매입액	30,000 110,000	기말	40,000	
가공원가	DL(0.6) OH(0.4)	①120,000 80,000			
재공품	기초	50,000	기말	30,000	
제품	기초	70,000	기말	50,000	⌐ 매출원가: ②340,000

직접노무원가: 80,000/40% × 60% = 120,000

답 ①

04 다음 자료에 의한 당기제품제조원가는?

2014. 지방직 9급

- 직접재료 구입액 ₩1,000
- 직접노무원가 ₩3,000
- 감가상각비(공장설비) ₩5,000
- 감가상각비(영업용화물차) ₩4,000
- 공장감독자 급여 ₩1,000
- 기타 제조간접원가 ₩2,000

	기초재고액	기말재고액
직접재료	₩3,000	₩1,000
재공품	₩10,000	₩8,000

① ₩15,000 ② ₩16,000
③ ₩17,000 ④ ₩18,000

● 해설

	가산		차감		
원재료	기초 매입액	3,000 1,000	기말	1,000	
가공원가	DL OH	3,000 8,000			
재공품	기초	10,000	기말	8,000	⌐ 당기제품제조원가: 16,000
제품	기초		기말		

OH: 5,000 + 1,000 + 2,000 = 8,000
감가상각비(영업용화물차)는 제조와 무관하므로 제조원가(OH)가 아닌 기간원가(판관비)에 해당한다.

답 ②

05 다음은 ㈜한국제조의 2011년 원가자료이다. 이를 바탕으로 산정한 당기제품제조원가 및 매출원가는?

2012. 지방직 9급

구분	기초 재고	당기 매입액	당기 투입액	기말 재고
원재료	₩50,000	₩700,000		₩100,000
재공품	200,000			500,000
제품	300,000			200,000
직접노무원가			₩350,000	
제조간접원가			500,000	

	당기제품제조원가	매출원가
①	₩1,200,000	₩1,000,000
②	₩1,200,000	₩1,300,000
③	₩1,500,000	₩1,000,000
④	₩1,500,000	₩1,300,000

● **해설**

	가산		차감		
원재료	기초 매입액	50,000 700,000	기말	100,000	
가공원가	DL OH	350,000 500,000			
재공품	기초	200,000	기말	500,000	﹂ 당기제품제조원가: ①1,200,000
제품	기초	300,000	기말	200,000	﹂ 매출원가: ②1,300,000

답 ②

06 다음 자료를 토대로 계산한 당기총제조원가와 당기제품제조원가는? 2016. 국가직 9급

• 기초직접재료재고액	₩15,000
• 당기직접재료매입액	₩50,000
• 기말직접재료재고액	₩10,000
• 직접노무원가 발생액	₩25,000
• 제조간접원가 발생액	₩40,000
• 기초재공품재고액	₩30,000
• 기말재공품재고액	₩21,000
• 기초제품재고액	₩15,000
• 기말제품재고액	₩30,000

	당기총제조원가	당기제품제조원가
①	₩110,000	₩120,000
②	₩120,000	₩111,000
③	₩120,000	₩129,000
④	₩129,000	₩114,000

● 해설

	가산		차감		
원재료	기초 매입액	15,000 50,000	기말	10,000	⌐ DM: 55,000
가공원가	DL OH	25,000 40,000			⌐ **당기총제조원가: 120,000**
재공품	기초	30,000	기말	21,000	⌐ **당기제품제조원가: 129,000**
제품	기초	15,000	기말	30,000	⌐ 매출원가: 114,000

당기총제조원가: 15,000 + 50,000 + 25,000 + 40,000 − 10,000 = 120,000

당기제품제조원가: 120,000 + 30,000 − 21,000 = 129,000

답 ③

예제 제조원가의 흐름 – 미지수 찾기

01 ㈜한국의 20X1년도 회계자료가 다음과 같고, 당기총제조원가가 ₩300,000일 때, ㉠~㉣에 들어갈 금액으로 옳지 않은 것은?
2017. 지방직 9급

• 직접재료 구입액	₩100,000	• 재공품 기초재고	₩5,000
• 직접재료 기초재고	₩20,000	• 재공품 기말재고	₩20,000
• 직접재료 기말재고	(㉠)	• 당기제품제조원가	(㉢)
• 직접재료원가	(㉡)	• 제품 기초재고	(㉣)
• 직접노무원가	₩80,000	• 제품 기말재고	₩40,000
• 제조간접원가	₩110,000	• 매출원가	₩400,000

① ㉠: ₩10,000   ② ㉡: ₩110,000

③ ㉢: ₩285,000   ④ ㉣: ₩115,000

● 해설

	가산		차감		
원재료	기초 매입액	20,000 100,000	기말	㉠10,000	┘ DM: ㉡110,000
가공원가	DL OH	80,000 110,000			┘ 당기총제조원가: 300,000
재공품	기초	5,000	기말	20,000	┘ 당기제품제조원가: ㉢285,000
제품	기초	㉣155,000	기말	40,000	┘ 매출원가: 400,000

답 ④

02 다음은 ㈜한국의 제품제조 및 판매와 관련된 계정과목들이다. ㉠~㉣ 중 옳지 않은 것은?

2015. 국가직 9급

직접재료원가	₩900	당기제품제조원가	₩13,000
직접노무원가	₩700	기초제품재고액	₩8,000
제조간접원가	(㉠)	기말제품재고액	(㉢)
당기총제조원가	₩2,000	매출원가	(㉣)
기초재공품재고액	₩14,000	매출액	₩25,000
기말재공품재고액	(㉡)	매출총이익	₩8,000

① ㉠: ₩400
② ㉡: ₩3,000
③ ㉢: ₩5,000
④ ㉣: ₩17,000

● 해설

	가산		차감		
원재료	기초 매입액		기말		┘ DM: 900
가공원가	DL OH	700 ㉠400			┘ 당기총제조원가: 2,000
재공품	기초	14,000	기말	㉡3,000	┘ 당기제품제조원가: 13,000
제품	기초	8,000	기말	㉢4,000	┘ 매출원가 ㉣17,000

매출원가: 25,000(매출액) − 8,000(매출총이익) = 17,000

답 ③

03 다음은 ㈜한국의 20X1년 기초·기말 재고에 대한 자료이다. 20X1년도 직접재료 매입액은 ₩125,000이고, 제조간접원가는 직접노무원가의 50%였으며, 매출원가는 ₩340,000이었다. ㈜한국의 20X1년 기본원가(기초원가, prime cost)는? 2019. 지방직 9급

	20X1년 1월 1일	20X1년 12월 31일
직접재료	₩20,000	₩25,000
재공품	35,000	30,000
제품	100,000	110,000

① ₩150,000

② ₩195,000

③ ₩225,000

④ ₩270,000

해설

	가산		차감		
원재료	기초 매입액	20,000 125,000	기말	25,000	┘ DM: ①120,000
가공원가	DL(1) OH(0.5)	③150,000 75,000			┘ 당기총제조원가: ②345,000
재공품	기초	35,000	기말	30,000	
제품	기초	100,000	기말	110,000	┘ 매출원가: 340,000

• 가공원가: 345,000 − 120,000 = 225,000
• 직접노무원가: 225,000 × 2/3 = 150,000
• 기본원가: 120,000 + 150,000 = 270,000

답 ④

04 다음 자료에 의한 당기 재료매입액은?

2013. 국가직 9급

• 매출원가	₩1,000
• 직접노무비	₩300
• 제조간접원가	₩400

	기초재고액	기말재고액
재료	₩250	₩200
재공품	₩200	₩250
제품	₩350	₩300

① ₩150   ② ₩250

③ ₩450   ④ ₩650

● 해설

	가산		차감		
원재료	기초	250	기말	200	
	매입액	②250			┘ DM: ①300
가공원가	DL	300			
	OH	400			
재공품	기초	200	기말	250	
제품	기초	350	기말	300	┘ 매출원가: 1,000

답 ②

05 ㈜한국은 단일제품을 생산하고 있다. 20X1년 자료가 다음과 같을 때, 당기 직접재료 매입액과 당기에 발생한 직접노무원가는?

2020. 국가직 9급

재고자산	기초재고	기말재고
직접재료	₩18,000	₩13,000
재공품	₩25,000	₩20,000
기본원가	₩85,000	
가공원가	₩75,000	
당기제품제조원가	₩130,000	
매출원가	₩120,000	

	직접재료 매입액	직접노무원가
①	₩45,000	₩35,000
②	₩45,000	₩40,000
③	₩50,000	₩35,000
④	₩50,000	₩40,000

● 해설

	가산		차감		
원재료	기초 매입액	18,000 ③**45,000**	기말	13,000	⌐ DM: ②50,000
가공원가	DL OH	75,000			⌐ 당기총제조원가: ①125,000
재공품	기초	25,000	기말	20,000	⌐ 당기제품제조원가: 130,000
제품	기초		기말		⌐ 매출원가: 120,000

DL = 기본원가 − DM = 85,000 − 50,000 = 35,000

답 ①

06 ㈜한국의 2012년도 기초제품재고액과 기말제품재고액은 각각 ₩6,000과 ₩3,000이며, 기초재공품재고액과 기말재공품재고액은 각각 ₩1,000과 ₩2,000이다. 또한 당기 중 발생한 직접재료원가와 직접노무원가는 각각 ₩1,500과 ₩1,000이다. 한편 ㈜한국은 당해 연도에 구입한 원재료는 모두 당기 중에 사용하는 정책을 적용하고 있다. ㈜한국의 2012년도 매출원가가 ₩7,000일 때, 당기 중 발생한 제조간접원가는?   2012. 국가직 9급

① ₩1,500   ② ₩2,500

③ ₩3,500   ④ ₩4,500

● **해설**

	가산		차감		
원재료	기초 매입액		기말		┘ DM: 1,500
가공원가	DL OH	1,000 ②2,500			┘ 당기총제조원가: ①5,000
재공품	기초	1,000	기말	2,000	
제품	기초	6,000	기말	3,000	┘ 매출원가: 7,000

'당해 연도에 구입한 원재료는 모두 당기 중에 사용하는 정책'은 기초, 기말 원재료가 없다는 것을 의미한다. 따라서 매입액이 곧 DM이 된다. 다만, 문제에서 DM을 직접 제시해주었으므로 문제 풀이 시에 고려하지 않아도 되는 내용이다.

답 ②

07 다음은 ㈜한국의 2010년 7월의 원가자료이다.

	2010년 7월 1일	2010년 7월 31일
직접재료	₩10,000	₩20,000
재공품	₩100,000	₩200,000
제품	₩100,000	₩50,000

㈜한국의 2010년 7월의 직접재료 매입액이 ₩610,000이고, 매출원가는 ₩2,050,000이다. 가공원가가 직접노무원가의 300%라고 할 때, ㈜한국의 2010년 7월의 제조간접원가는?

2010. 지방직 9급

① ₩800,000   ② ₩1,000,000

③ ₩1,600,000   ④ ₩2,000,000

● 해설

	가산	차감	
원재료	기초 10,000 매입액 610,000	기말 20,000	└ DM: 600,000
가공원가	DL(1) ③500,000 OH(2) ④1,000,000		└ 당기총제조원가: ②2,100,000
재공품	기초 100,000	기말 200,000	└ 당기제품제조원가: ①2,000,000
제품	기초 100,000	기말 50,000	└ 매출원가: 2,050,000

- 가공원가 = 2,100,000 − 600,000 = 1,500,000
- 직접노무원가 = 1,500,000/3 = 500,000
- 제조간접원가 = 1,500,000 − 500,000 = 1,000,000

답 ②

08 제조원가 관련 자료가 다음과 같고 직접노무원가 발생액이 실제 가공원가의 40%일 때, 기본(기초)원가는? (단, 재료소비액은 모두 직접재료원가이다) 2014. 지방직 9급

기초재료	₩50,000	기초재공품	₩100,000
당기재료매입액	₩170,000	기말재료	₩30,000
공장감독자급여	₩30,000	공장기계감가상각비	₩20,000
수도광열비	₩20,000(본사 50%, 공장 50% 배부)		

① ₩200,000　　　　　　　　　② ₩230,000

③ ₩260,000　　　　　　　　　④ ₩300,000

● 해설

	가산		차감		
원재료	기초 매입액	50,000 170,000	기말	30,000	⌐ DM: 190,000

직접재료가: 190,000

제조간접가: 30,000(공장감독자급여−간접노무원가) + 20,000 + 20,000 × 50% = 60,000

가공원가 1	
직접노무원가 0.4	60,000/60% × 40% = 40,000
제조간접원가 0.6	60,000

기본원가: 190,000(DM) + 40,000(DL) = 230,000

답 ②

09 ㈜한국은 단일 제품을 생산 판매하고 있다. ㈜한국의 1월 중 생산활동과 관련된 정보가 다음과 같을 때, 1월의 직접재료원가는?

2014. 국가직 9급 **심화**

> • 당월총제조원가는 ₩2,000,000이고 당월제품제조원가는 ₩1,940,000이다.
> • 1월 초 재공품은 1월 말 재공품원가의 80%이다.
> • 직접노무원가는 1월 말 재공품원가의 60%이며, 제조간접원가는 직접재료원가의 40%이다.

① ₩1,000,000 　　　　　　　　② ₩1,100,000

③ ₩1,200,000 　　　　　　　　④ ₩1,300,000

● 해설

	가산		차감		
원재료	기초 매입액		기말		┘ DM: 1,300,000
가공원가	DL OH	180,000 520,000			┘ 당기총제조원가: 2,000,000
재공품	기초	240,000	기말	300,000	┘ 당기제품제조원가: 1,940,000

• 기말 재공품원가 − 기초 재공품원가 = 2,000,000 − 1,940,000 = 60,000 = 기말 재공품원가 × 20%
• 기말 재공품원가 = 300,000
• DL = 300,000 × 60% = 180,000
• DM + 180,000 + 0.4DM = 2,000,000
• DM = 1,300,000

답 ④

 김수석의 **꿀팁!** 임금 지급액이 제시된 경우 직접노무원가 구하기

CF	=	NI	−	△자산	+	△부채
(직접노무원가 지급액)		**(직접노무원가)**		선급임금		미지급임금

대부분의 문제에서는 직접노무원가를 직접 제시해주지만, 문제에서 직접노무원가를 제시하지 않고 직접노무원가 지급액(임금 지급액)을 제시하는 경우가 있다. 이때 직접노무원가는 현금지급액이 아니라, 발생액이므로 현금 지급한 임금에 선급임금과 미지급임금의 증감을 반영해야 한다. 선급임금은 선급비용의 일종으로, 자산에 해당하며, 미지급임금은 미지급비용의 일종으로, 부채에 해당한다. 따라서 영업활동 현금흐름 직접법 공식에서 선급임금의 증감은 반대로, 미지급임금의 증감은 그대로 반영해야 한다.

10 다음 자료를 토대로 계산한 ㈜대한의 매출총이익은?

- 당기 중 직접재료원가는 전환원가의 50%이다.
- 직접노무원가 발생액은 매월 말 미지급임금으로 처리되며 다음 달 초에 지급된다. 미지급임금의 기초 금액과 기말 금액은 동일하며, 당기 중 직접노무원가의 지급액은 ₩450이다.
- 재공품 및 제품의 기초금액과 기말금액은 ₩100으로 동일하다.
- 기타 발생비용으로 감가상각비(생산현장) ₩100, 감가상각비(영업점) ₩100, CEO 급여 ₩150, 판매수수료 ₩100이 있다. CEO 급여는 생산현장에 1/3, 영업점에 2/3 배부된다.
- 매출액은 ₩2,000이다.

① ₩1,050　　　② ₩1,100

③ ₩1,150　　　④ ₩1,200

● 해설

	가산		차감		
원재료	기초 매입액		기말		┘ DM: ②300
가공원가	DL OH	450 ①150			
재공품	기초	100	기말	100	
제품	기초	100	기말	100	┘ 매출원가: ③900

- DL = 450

CF	=	NI	−	△자산	+	△부채
(450) ① DL 지급액		(450) ④ DL		− ③ 선급임금		0 ② 미지급임금

① 당기 중 직접노무원가의 지급액은 450이다.
② 미지급임금의 기초 금액과 기말 금액은 동일하다. 따라서 미지급임금의 증감은 0이다.
③ 직접노무원가 발생액은 매월 말 미지급임금으로 처리되며 다음 달 초에 지급된다. 따라서 직접노무원가와 관련된 자산(선급임금)은 없다.
④ 현금흐름표 식의 대차를 일치시키기 위해서 NI 자리에 들어가야 하는 비용(DL)은 450이다.
- OH: 100(생산현장) + 150 × 1/3(CEO) = 150
- 매출총이익: 2,000 − 900 = 1,100

🖐 ②

11 다음은 (주)한국의 20×1년 6월 생산과 관련된 원가자료이다.

- 재고자산 현황

일자 \ 구분	직접재료	재공품	제품
6월 1일	₩3,000	₩6,000	₩9,000
6월 30일	₩2,000	₩2,000	₩8,000

- 6월의 직접재료 매입액은 ₩35,000이다.
- 6월 초 직접노무원가에 대한 미지급임금은 ₩5,000, 6월에 현금 지급한 임금은 ₩25,000, 6월 말 미지급임금은 ₩10,000이다.
- 6월에 발생한 제조간접원가는 ₩22,000이다.

20×1년 6월의 매출원가는?

2022. 지방직 9급

① ₩74,000 ② ₩88,000
③ ₩92,000 ④ ₩93,000

● 해설

	가산		차감		
원재료	기초 매입액	3,000 35,000	기말	2,000	
가공원가	DL OH	30,000 22,000			
재공품	기초	6,000	기말	2,000	
제품	기초	9,000	기말	8,000	⌐ 매출원가: 93,000

현금흐름	=	NI	−	△자산	+	△부채
(25,000) DL 지급액		(30,000) DL		−		5,000 미지급임금

답 ④

 조금만 더 힘내보자!

매출총이익률과 원가 기준 이익률

재무회계에서 두 가지 이익률을 배웠다. 원가관리회계에서도 위 이익률이 등장하는데, 똑같은 방식으로 처리하면 된다. **매출총이익률**이 제시되면 **매출액이 1**, **원가 기준 이익률**이 제시되면 **매출원가가 1**이라고 생각하고, 매출원가와 매출액을 서로 변환하면 된다.

12 다음 자료에 따른 당기제품제조원가와 매출총이익은? (단, 매출총이익률은 17%이다)

2013. 지방직 9급 심화

	기초재고	기말재고
원재료	₩400,000	₩400,000
재공품	650,000	700,000
제품	600,000	1,250,000
당기총제조원가	9,000,000	

	당기제품제조원가	매출총이익
①	₩8,300,000	₩1,070,000
②	₩8,300,000	₩1,700,000
③	₩8,950,000	₩1,070,000
④	₩8,950,000	₩1,700,000

해설

	가산		차감		
원재료	기초 매입액		기말		
가공원가	DL OH				└ 당기총제조원가: 9,000,000
재공품	기초	650,000	기말	700,000	└ 당기제품제조원가: ①8,950,000
제품	기초	600,000	기말	1,250,000	└ 매출원가: ②8,300,000
매출액 1			8,300,000/0.83 = 10,000,000		
매출총이익 0.17			10,000,000 × 0.17 = **1,700,000**		
매출원가 0.83			8,300,000		

답 ④

13 다음은 (주)한국의 20×1년 기초 및 기말 재고자산과 관련한 자료이다.

구분	기초	기말
직접재료	₩2,000	₩7,000
재공품	₩8,000	₩5,000
제품	₩7,000	₩10,000

(주)한국은 매출원가의 20%를 매출원가에 이익으로 가산하여 제품을 판매하고 있으며, 20×1년 매출액은 ₩60,000이다. (주)한국의 20×1년 직접재료 매입액은 ₩15,000이고, 제조간접원가는 가공원가(conversion cost)의 40%일 때, 20×1년의 기초원가(prime cost)는?

2021. 국가직 7급

① ₩24,000   ② ₩32,800

③ ₩34,000   ④ ₩40,000

● **해설**

매출액 1.2	60,000
매출총이익 0.2	
매출원가 1	60,000/1.2=50,000

	가산		차감		
원재료	기초 2,000 매입액 15,000		기말	7,000	┘ DM 10,000
가공원가	DL OH	40,000			
재공품	기초	8,000	기말	5,000	
제품	기초	7,000	기말	10,000	┘ 매출원가 50,000

가공원가: 40,000
DM: 2,000+15,000−7,000=10,000

가공원가 1	40,000
DL 0.6	40,000 × 0.6 = 24,000
OH 0.4	

기초원가: 10,000+24,000=**34,000**

답 ③

COST ACCOUNTING

김용재 코어 공무원 회계학 원가관리회계

보조부문원가의 배부

CHAPTER

02 보조부문원가의 배부

▶▶김용재 코어 공무원 회계학 원가관리회계

---

1 보조부문원가의 배부

1. 원가의 배부 기준

일반적인 원가의 배부 기준에는 다음의 세 가지 기준이 있다. 종류 및 의미를 외울 필요 없이, 이런 기준이 있다는 정도만 확인하고 넘어가면 된다. 친구들과 같이 밥을 먹고, 밥값을 나누어 내는 상황을 예로 들어 설명하겠다.

(1) 인과관계기준: 원가와 배부대상의 인과관계에 따라 배부하는 기준

밥을 많이 먹은 만큼 돈을 많이 내면 인과관계기준에 따른 것이다.

(2) 수혜기준: 배부대상이 제공받은 효익에 비례하여 원가를 배부하는 기준

배부른 만큼 돈을 많이 내면 수혜기준에 따른 것이다.

(3) 부담능력기준: 배부대상이 부담할 수 있는 능력에 비례하여 원가를 배부하는 기준

돈을 잘 버는 만큼 돈을 많이 내면 부담능력기준에 따른 것이다.

예제 **원가의 배부 기준 말문제**

01 경영의사결정에서 원가의 합리적인 배부는 중요한 정보를 제공할 수 있다. 일반적인 원가 배부기준으로 옳지 않은 것은?

2013. 지방직 9급

① 원가집적대상이 제공받는 수혜정도에 따라 원가를 배부해야 한다.
② 원가가 발생한 원인을 파악하여 인과관계에 의해 원가를 배부해야 한다.
③ 원가집적대상이 부담할 수 있는 능력에 따라 원가를 배부해야 한다.
④ 기업전체의 적정한 이익을 유지하기 위해 재량적으로 원가를 배부해야 한다.

> ● 해설
> 재량적인 원가 배부는 일반적인 원가배부기준이 아니다.
>
> 답 ④

2. 보조부문원가

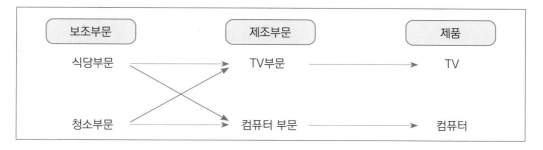

보조부문 원가란, 제조부문에 도움을 주는 보조부문에서 발생한 원가를 뜻한다. 예를 들어, 식당부문과 청소부문이 있다고 하자. 식당부문에서 제공하는 식사와 청소부문에서 제공하는 청소 용역은 제품 제조에 직접적인 관련이 있는 것은 아니다. 하지만 거시적인 관점에서 보면 제품 제조를 위해 발생한 비용이므로 어떠한 방식으로든 제조원가에 귀속되어야 한다.

따라서 보조부문 원가는 제품에 직접 귀속시키는 것이 아니라, 제조부문에 배부한 뒤, 제조부문 원가와 함께 제품원가로 계상된다. 본 장에서 다루고 있는 내용은 보조부문의 원가가 제조부문으로 배부되는 과정이다.

3. 보조부문원가의 배부 방법

보조부문 1개	보조부문 2개
단일배부율법	직접배부법
이중배부율법	단계배부법
	상호배부법 심화

보조부문원가의 배부 방법은 크게 둘로 나눌 수 있다. 보조부문원가의 배부 방법은 이론적으로 왼쪽에서 하나, 오른쪽에서 하나의 방법을 골라 동시에 적용할 수 있으나, 공무원 회계학 시험에서는 한 가지 방법만 적용하여 출제한다.

적용하는 배부 방법은 보조부문의 개수에 따라 다르다. 5개의 배부 방법을 개별적으로 공부하기보다는, 단일/이중배부율법과 직접/단계/상호배부법을 비교하면서 공부하는 것이 효율적이다.

2 보조부문이 1개일 때

보조부문이 1개일 때에는 보조부문원가를 변동원가와 고정원가로 나눈다. 변동원가와 고정원가를 하나의 기준으로 한꺼번에 배부할지, 각각 다른 기준으로 배부할지에 따라 단일배부율법과 이중배부율법으로 나뉜다.

1. 단일배부율법

단일배부율법은 보조부문원가를 변동원가와 고정원가로 구분하지 않고, 하나의 기준으로 한꺼번에 배부하는 방법을 뜻한다. 계산 한 번이면 문제를 풀 수 있기 때문에 거의 출제되지 않는 방법이다.

2. 이중배부율법(=이중배분율법)

이중배부율법은 보조부문원가를 변동원가와 고정원가로 나누어 각기 다른 기준을 적용하여 배부하는 방법을 말한다. 보조부문원가의 배부 방법 가운데 가장 출제가 많이 되는 방법이다. 이중배부율법의 배부 기준은 다음과 같다.

변동원가	실제사용량
고정원가	최대사용가능량

(1) 변동원가: 실제사용량

변동원가는 실제사용량을 기준으로 배부한다. 변동원가는 사용량에 비례하여 발생하기 때문이다.

(2) 고정원가: 최대사용가능량

고정원가는 최대사용가능량을 기준으로 배부한다. 고정원가를 최대사용가능량을 기준으로 배부하는 이유는 스마트폰 데이터 요금제를 생각해보면 이해가 갈 것이다. 스마트폰 요금제는 내가 사전에 설정한 데이터 사용량에 따라 결정된다. 내가 100기가 요금제에 가입하면, 내가 실제로 100기가를 쓰든, 1기가를 쓰든 통신료는 고정이다. 이처럼 고정원가는 최대사용가능량에 따라 사전에 결정되는 성격을 띄므로, 최대사용가능량을 기준으로 배부한다.

	제조부문1	제조부문2	계
변동원가	XXX	XXX	변동원가 계
고정원가	XXX	XXX	고정원가 계
계	XXX	XXX	

예제 이중배부율법

01 ㈜한국은 제조부문인 조립부문과 도장부문이 있으며, 보조부문으로 전력부문이 있다. 20X1년 3월 중에 부문별로 발생한 제조간접원가와 제조부문이 사용한 전력의 실제사용량과 최대사용가능량은 다음과 같다. 한편, 전력부문에서 발생한 제조간접원가 ₩325,000은 변동원가가 ₩100,000이고, 고정원가는 ₩225,000이다.

구분	전력부문	조립부문	도장부문	합계
제조간접원가	₩325,000	₩250,000	₩400,000	₩975,000
실제사용량		300kW	700kW	1,000kW
최대사용가능량		500kW	1,000kW	1,500kW

㈜한국이 이중배분율법을 적용하여 보조부문원가를 제조부문에 배부할 때, 조립부문에 배분되는 전력부문의 원가는?

2019. 국가직 9급

① ₩97,500   ② ₩105,000
③ ₩108,330   ④ ₩120,000

● 해설

	조립부문	도장부문	계
변동원가	30,000(0.3)	70,000(0.7)	100,000
고정원가	75,000(1/3)	150,000(2/3)	225,000
계	105,000	220,000	325,000

$100,000 \times 0.3 + 225,000 \times 1/3 = 105,000$

참고 단일배부율법 사용 (실제사용량을 기준으로 배부할 경우)

	조립부문	도장부문	계
보조원가	97,500	227,500	325,000

답 ②

02 ㈜행복자동차는 한 개의 보조부문(수선부문)과 두 개의 제조부문(조립부문과 도장부문)으로 구성되어 있다. 수선부문은 제조부문에 설비수선 용역을 제공하고 있는데, 각 제조부문에 대한 최대공급 노동시간과 실제공급노동시간 그리고 수선부문발생 원가는 다음과 같다.

	조립부문	도장부문	합계
최대공급노동시간	500시간	700시간	1,200시간
실제공급노동시간	500시간	500시간	1,000시간

	수선부문
변동원가	₩40,000
고정원가	₩12,000
합계	₩52,000

보조부문(수선부문)의 원가를 공급노동시간을 기준으로 이중배부율법을 적용하여 제조부문에 배부한다고 할 때 조립부문에 배부될 원가는? 2010. 지방직 9급

① ₩5,000 ② ₩20,000
③ ₩25,000 ④ ₩27,000

● 해설

	조립부문	도장부문	계
변동원가	20,000	20,000	40,000
고정원가	5,000	7,000	12,000
계	**25,000**	27,000	52,000

답 ③

03 ㈜한국은 보조부문인 동력부와 제조부문인 절단부, 조립부가 있다. 동력부는 절단부와 조립부에 전력을 공급하고 있으며, 각 제조부문의 월간 전력 최대사용가능량과 3월의 전력 실제 사용량은 다음과 같다.

	절단부	조립부	합계
최대사용가능량	500kw	500kw	1,000kw
실제사용량	300kw	200kw	500kw

한편, 3월 중 각 부문에서 발생한 제조간접원가는 다음과 같다.

	동력부	절단부	조립부	합계
변동원가	₩50,000	₩80,000	₩70,000	₩200,000
고정원가	₩100,000	₩150,000	₩50,000	₩300,000
합계	₩150,000	₩230,000	₩120,000	₩500,000

이중배부율법을 적용할 경우 절단부와 조립부에 배부될 동력부의 원가는? 2017. 국가직 9급

	절단부	조립부
①	₩75,000	₩75,000
②	₩80,000	₩70,000
③	₩90,000	₩60,000
④	₩100,000	₩50,000

● 해설

	절단부	조립부	계
변동원가	30,000(3/5)	20,000(2/5)	50,000
고정원가	50,000(0.5)	50,000(0.5)	100,000
계	80,000	70,000	150,000

답 ②

3 보조부문이 2개일 때

배부법	보조부문간 상호 용역수수 관계 인식 정도	원가계산의 정확도
직접배부법	전혀 인식X	하
단계배부법	부분적으로 인식	중
상호배부법	완전히 인식	상

보조부문이 2개일 때에는 각 보조부문간 상호 용역수수 관계를 얼마나 인식하는지에 따라 배부 방법이 달라진다. 말문제 대비용으로 각 배부법별 인식 정도를 기억하자. '상호 용역수수 관계'란 보조부문이 2개일 때 보조부문끼리 서로 용역을 사용하는 관계를 말한다. 예를 들어, 식당부문과 청소부문이 있다고 할 때, 식당부문도 청소 서비스를 받고, 청소부문도 식사를 제공 받는 관계를 말한다. 이러한 용역수수 관계를 얼마나 인식할지에 따라 배부 방법이 달라진다.

표에서 아래로 내려갈수록 상호 용역수수 관계를 인식하는 정도가 높아지면서 원가계산이 어려워지는 대신, 정확도는 높아진다. 상호배부법의 경우 연립방정식을 이용하여 원가계산은 어렵지만 가장 정확하다. 보조부문 간의 용역 제공이 중요할수록 표의 하단부에 있는 방법을 사용하는 것이 적합하다.

1. 직접배부법

직접배부법은 보조부문 간의 용역 제공을 전혀 인식하지 않는 방법이다. 상호 용역 제공이 있더라도 이를 무시하고 보조부문 원가를 제조부문에만 배부한다.

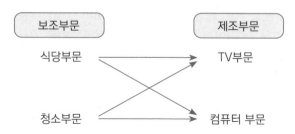

2. 단계배부법 ★중요!

단계배부법은 보조부문 간의 용역 제공을 '일부만' 인식하는 방법이다. 단계배부법은 보조부문원가의 배부 방법 가운데 이중배부율법 다음으로 출제가 많이 되는 방법이므로 반드시 숙지하자. 단계배부법 풀이방법은 다음과 같다.

Step 1. 보조부문원가 배부순서를 확인하고, 1순위 보조부문원가를 배부하기
Step 2. Step 1에서 배부받은 보조부문원가를 포함하여, 2순위 보조부문원가를 배부하기

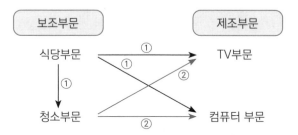

예제 **직접배부법과 단계배부법**

01 ㈜김수석의 보조부문에는 식당부문과 청소부문이 있고, 제조부문에 A와 B가 있다. 식당부문의 당기 발생원가는 ₩20,000이며, 청소부문과 두 제조부문에 총 2,000인분의 식사를 제공하였다. 청소부문의 당기 발생원가는 ₩10,000이며, 식당부문과 두 제조부문에 1,000시간의 청소 용역을 제공하였다. ㈜김수석이 직접배부법을 사용할 경우와 단계배부법을 사용할 경우 제조부문 A에 배부되는 보조부문의 원가를 각각 구하시오. (단, 단계배부법 적용 시 식당부문 원가를 먼저 배부한다.)

제공 \ 사용	식당부문	청소부문	제조부문A	제조부문B
식당부문(인분)	–	800	600	600
청소부문(시간)	200	–	600	200

📋 **직접배부법: 17,500, 단계배부법: 19,500**

(1) 직접배부법

	식당부문	청소부문	제조부문A	제조부문B
배부 전	20,000	10,000		
식당부문	(20,000)		10,000	10,000
청소부문		(10,000)	7,500	2,500
배부 후	–	–	17,500	12,500

직접배부법은 보조부문 간의 용역수수를 무시한다. 청소부문이 소비한 800인분과 식당부문이 소비한 200시간은 무시하고, 제조부문의 소비량만 이용하여 보조부문 원가를 배부한다.

(2) 단계배부법

단계배부법에서는 보조부문원가 배부순서가 아주 중요하다. 문제에서 식당부문 원가를 먼저 배부한다고 제시하였으므로, 그에 맞추어 '식당부문-청소부문' 순으로 표를 그린 뒤, 식당부문원가를 배부한다.

	식당부문	청소부문	제조부문A	제조부문B
배부 전	20,000	10,000		
식당부문	(20,000)	8,000	6,000	6,000

이제 2순위인 청소부문의 원가를 배부할 차례이다. Step 1에서 식당부문 원가를 배부받았기 때문에, 이를 가산하여 제조부문에 배부하여야 한다. 이때, 1순위 보조부문인 식당부문에는 배부하지 않는다는 것에 주의한다. 단계배부법에서는 '순서대로' 원가를 배부하므로 지나간 부문에는 원가를 배부하지 않는다.

	식당부문	청소부문	제조부문A	제조부문B
배부 전	20,000	10,000		
식당부문	(20,000)	8,000	6,000	6,000
배부 후	–	18,000		
청소부문		(18,000)	13,500	4,500
배부 후		–	19,500	10,500

> **※주의** 자료 제시 순서와 배부 순서가 다를 수 있음! **심화**
>
> 본 문제의 경우 '식당부문-청소부문'의 순서로 원가를 배부하고, 자료 제시도 같은 순서로 되어 있으므로 자료를 그대로 표로 그리면 된다. 하지만 청소부문을 먼저 배부하도록 제시하였다면, 표를 '청소부문-식당부문'의 순서로 그려야 한다. 반드시 문제에서 설정한 배부 순서를 확인하여 자료 제시 순서가 아닌 배부 순서대로 표를 그려야 한다. 보조부문 배부 순서가 달라지면 각 보조부문이 배부 받는 원가도 달라진다.

> ※ 주의 배부될 보조부문원가 vs 배분 후 원가
>
> '배부될 보조부문원가'를 묻는다면 말 그대로 보조부문원가만 계산하면 되지만, '배분 후 원가'를 묻는다면 보조부문원가 배부 전에 발생한 제조부문원가까지 가산해야 한다.

예제 **단계배부법**

01 ㈜한국에는 보조부문에 수선부와 전력부가 있고, 제조부문에 A와 B가 있다. 수선부의 변동원가 당기 발생액은 ₩10,000이며, 전력부와 두 제조부문에 1,000시간의 수선 용역을 제공하였다. 전력부의 변동원가 당기 발생액은 ₩7,000이며, 수선부와 두 제조부문에 2,000kwh의 전력을 제공하였다. ㈜한국이 보조부문원가 중 수선부 원가를 먼저 배부하는 단계배부법을 사용할 경우, 제조부문 A에 배부되는 보조부문의 원가는? 2016. 국가직 9급

제공 \ 사용	수선부	전력부	제조부문A	제조부문B
수선부(시간)	–	200	500	300
전력부(kwh)	500	–	1,000	500

① ₩11,000 　　　　　　　　② ₩12,000
③ ₩13,000 　　　　　　　　④ ₩14,000

● 해설

	수선부	전력부	제조부문A	제조부문B
배부 전	10,000	7,000		
수선부	(10,000)	2,000	5,000	3,000
배부 후	–	9,000		
전력부		(9,000)	6,000	3,000
배부 후		–	11,000	6,000

답 ①

02 보조부문인 수선부와 전력부에서 발생한 원가는 각각 ₩20,000과 ₩12,000이며, 수선부 원가에 이어 전력부 원가를 배부하는 단계배부법으로 제조부문인 A공정과 B공정에 배부한다. 보조부문이 제공한 용역이 다음과 같을 때, 보조부문의 원가 ₩32,000 중에서 A공정에 배부되는 금액은?

2014. 지방직 9급

사용 제공	수선부	전력부	A공정	B공정	합계
수선부	–	4,000	4,000	2,000	10,000시간
전력부	8,000	–	4,000	4,000	16,000kWh

① ₩13,000   ② ₩14,000

③ ₩16,000   ④ ₩18,000

● 해설

	수선부	전력부	A공정	B공정
배부 전	20,000	12,000		
수선부	(20,000)	8,000	8,000	4,000
배부 후	–	20,000		
전력부		(20,000)	10,000	10,000
배부 후		–	18,000	14,000

답 ④

03 ㈜서울은 두 개의 보조부문 동력부(S1), 수선부(S2)와 두 개의 제조부문 절단부(P1), 조립부(P2)를 운영하고 있다. 2016년 중 부문 상호 간의 용역수수관계와 부문별로 집계된 원가는 다음과 같다. ㈜서울은 단계배분법에 의하여 보조부문원가를 배분하고 있다. 동력부(S1)의 원가부터 배분할 경우 절단부(P1)의 배분 후 원가는 얼마인가? 2016. 서울시 9급

사용부문 제공부문	보조부문		제조부문		계
	동력부(S1)	수선부(S2)	절단부(P1)	조립부(P2)	
동력부(S1)	–	50%	20%	30%	100%
수선부(S2)	20%	–	40%	40%	100%
부문별 원가	₩100,000	₩50,000	₩200,000	₩250,000	₩600,000

① ₩265,000   ② ₩270,000
③ ₩275,000   ④ ₩280,000

● **해설**

	S1	S2	P1	P2
배부 전	100,000	50,000	200,000	250,000
S1	(100,000)	50,000	20,000	30,000
배부 후	–	100,000		
S2		(100,000)	50,000	50,000
배부 후		–	**270,000**	330,000

예제 1, 2번은 제조부문에 배부되는 '보조부문의 원가'를 물었다. 하지만 이 문제는 '배분 후 원가'를 물었다. 따라서 보조부문원가 뿐만 아니라 제조부문원가까지 더해야 하며, 표 상에서 P1, P2 아래에 적힌 배부 전 금액을 포함해야 한다.

탑 ②

04 휴대폰 부품을 생산하는 ㈜대한은 두 제조부문(가), (나)와 두 보조부문(A), (B)로 나누어 부문원가를 계산하고 있다. 단계배부법을 이용하여 보조부문원가를 배부할 때 두 제조부문에 최종적으로 집계되는 원가는? (단, 보조부문원가의 배부순서는 다른 보조부문에 제공한 서비스 제공비율이 큰 부문을 먼저 배부한다)

2011. 국가직 9급

구분	(가)제조부문	(나)제조부문	(A)보조부문	(B)보조부문
1차집계원가	₩120,000	₩130,000	₩50,000	₩60,000
보조부문의 각 부문별 서비스 제공 비율 (A)보조부문 (B)보조부문	40% 40%	40% 30%	– 30%	20% –

	(가)제조부문	(나)제조부문
①	₩171,200	₩175,200
②	₩178,000	₩182,000
③	₩180,000	₩180,000
④	₩182,000	₩178,000

● 해설

	(B)보조부문	(A)보조부문	(가)제조부문	(나)제조부문
배부 전	60,000	50,000	120,000	130,000
B	(60,000)	18,000	24,000	18,000
배부 후	–	68,000		
A		(68,000)	34,000	34,000
배부 후		–	178,000	182,000

단계배부법인 경우 배부 순서를 반드시 제시해주어야 한다. 본 문제에서는 '다른 보조부문에 제공한 서비스 제공비율이 큰 부문'을 먼저 배부한다고 제시하고 있다. A부문은 B부문에 20%, B부문은 A부문에 30% 제공하고 있으므로, B부문 먼저 배부해야 한다.

目 ②

3. 상호배부법 심화

$$X = aY + b$$
$$Y = cX + d$$

상호배부법은 보조부문 간의 용역 제공을 완전히 인식하는 방법이다. 상호배부법은 변수가 두 개이므로 위와 같은 연립방정식을 풀어야 하는데, 계산기를 사용할 수 없는 공무원 회계학 시험 특성상 출제하기 어려운 방법이다. 실전에서 출제가 되더라도 풀지 말고 넘긴 뒤, 시간이 남으면 풀 것을 추천한다. 연립방정식을 세우고, 또 그를 푸는데 시간이 굉장히 많이 소요되므로 다른 문제를 푸는 것이 훨씬 이득이다.

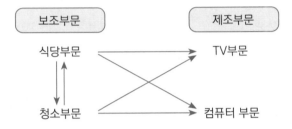

예제 상호배부법

01 ㈜김수석의 보조부문에는 식당부문과 청소부문이 있고, 제조부문에 A와 B가 있다. 식당부문의 당기 발생원가는 ₩40,000이며, 청소부문과 두 제조부문에 총 2,000인분의 식사를 제공하였다. 청소부문의 당기 발생원가는 ₩30,000이며, 식당부문과 두 제조부문에 1,000시간의 청소 용역을 제공하였다. ㈜김수석이 상호배부법을 사용할 경우 제조부문 A에 배부되는 보조부문의 원가를 구하시오.

사용 제공	식당부문	청소부문	제조부문A	제조부문B
식당부문(인분)	–	1,000	400	600
청소부문(시간)	400	–	300	300

● 해설

	식당부문	청소부문	제조부문A	제조부문B
배부 전	40,000	30,000		
식당부문	(65,000)	0.5 32,500	0.2 13,000	0.3 19,500
청소부문	0.4 25,000	(62,500)	0.3 18,750	0.3 18,750
배부 후	–	–	31,750	38,250

'X= 식당부문 원가 배부액, Y = 청소부문 원가 배부액'이라고 할 때

X= 0.4Y + 40,000

Y = 0.5X+ 30,000

이므로, X= 65,000, Y = 62,500이다.

65,000과 62,500을 각 부문의 용역 사용비율에 따라 배부하면 된다. 보조부문의 배부 후 원가가 0이 되는 것을 확인하자.

🖩 **31,750**

02 (주)한국은 보조부문 X, Y와 제조부문 P1, P2를 운영하여 제품을 생산하고 있다. 보조부문 X는 기계시간, Y는 전력소비량에 비례하여 보조부문원가를 제조부문에 각각 배부한다. (주)한국의 각 부문원가와 용역제공 현황은 다음과 같다.

구분	보조부문		제조부문		합계
	X	Y	P1	P2	
부문원가	₩100,000	₩120,000	₩100,000	₩200,000	₩520,000
기계시간	–	400시간	300시간	300시간	1,000시간
전력소비량	500kWh	–	200kWh	300kWh	1,000kWh

(주)한국이 상호배부법을 이용하여 보조부문원가를 제조부문에 배부할 경우, 제조부문 P1, P2에 배부되는 보조부문원가는?

2022. 지방직 9급

	P1	P2
①	₩ 98,000	₩122,000
②	₩100,000	₩120,000
③	₩120,000	₩100,000
④	₩122,000	₩ 98,000

● 해설

	X	Y	P1	P2
배부 전	100,000	120,000		
		0.4	0.3	0.3
X	(200,000)	80,000	60,000	60,000
	0.5		0.2	0.3
Y	100,000	(200,000)	40,000	60,000
배부 후	–	–	100,000	120,000

$100,000 - X + 0.5Y = 0$
$120,000 + 0.4X - Y = 0$
→ $X = Y = 200,000$

답 ②

예제 **보조부문원가 말문제**

01 보조부문원가 배부 방법에 대한 설명으로 옳지 않은 것은? 2015. 지방직 9급

① 상호배부법은 연립방정식을 이용하여 보조부문 간의 용역제공비율을 정확하게 고려해서 배부하는 방법이다.

② 단계배부법은 보조부문원가의 배부순서를 적절하게 결정할 경우 직접배부법보다 정확하게 원가를 배부할 수 있다.

③ 단계배부법은 우선순위가 높은 보조부문의 원가를 우선순위가 낮은 보조부문에 먼저 배부하고, 배부를 끝낸 보조부문에는 다른 보조부문원가를 재배부하지 않는 방법이다.

④ 직접배부법은 보조부문 간의 용역수수관계를 정확하게 고려하면서 적용이 간편하다는 장점이 있어 실무에서 가장 많이 이용되는 방법이다.

● **해설**

④ 직접배부법은 보조부문 간의 용역수수관계를 전혀 고려하지 않는 방법이다.

답 ④

02 보조부문의 원가를 제조부문에 배부하는 방법에 대한 설명으로 가장 옳은 것은? 2018. 서울시 9급

① 상호배부법은 보조부문 상호 간의 용역수수관계를 완전히 무시하고, 보조부문원가를 제조부문에만 배부하는 방법이다.

② 단계배부법은 보조부문 간의 용역수수관계를 부분적으로 고려하는 방법으로 보조부문의 배부순서가 달라지면 배부 후의 결과가 달라진다.

③ 이중배부율법은 보조부문원가를 변동원가와 고정원가로 구분하지 않고, 하나의 배부기준을 이용하여 총원가를 배부하는 방법이다.

④ 직접배부법은 보조부문 상호 간의 용역수수관계를 완전히 고려하여 각 보조부문원가를 제조부문과 다른 보조부문에도 배부하는 방법으로, 가장 논리적이고 정확한 정보를 제공해 주는 방법이다.

● **해설**

① 직접배부법에 대한 설명이다.
③ 단일배부율법에 대한 설명이다.
④ 상호배부법에 대한 설명이다.

답 ②

COST ACCOUNTING

김용재 코어 공무원 회계학 원가관리회계

이 장의 출제 뽀인트!

① 변동원가계산의 이익과 제품원가
② 변동원가계산과 전부원가계산의 이익 차이 ★중요!

변동원가계산은 최근 들어 출제 빈도가 증가하고 있는 주제로, 대부분 변동원가계산과 전부원가계산의 이익 차이를 조정하는 문제로 출제된다. 그 외에 변동원가계산 하의 이익과 제품원가를 계산하는 것이 가끔 출제된다.

변동원가

1 원가계산의 구분

		전부원가계산	변동원가계산	초변동원가계산
DM		제품원가	제품원가	제품원가
변동 가공원가	DL			기간원가
	변동OH			
고정OH			기간원가	
변동, 고정 판관비		기간원가		

제품원가는 발생 시 재고자산으로 자산화되었다가 판매 시에 매출원가로 비용화되고, 기간원가는 발생 시 즉시 비용 처리되는 원가를 의미한다. 제품원가의 범위를 어디까지 볼지에 따라 원가계산 방법은 전부원가계산, 변동원가계산, 초변동원가계산으로 나뉜다.

1. 전부원가계산

전부원가계산은 모든 제조원가를 제품원가에 포함시키는 방법이다. 직접재료원가, 직접노무원가, 변동제조간접원가, 고정제조간접원가가 제품원가에 포함된다. 모든 '제조'원가가 제품원가에 포함되는 것이지, 판매비와관리비까지 제품원가에 포함되는 것은 아니다. 판관비는 원가계산 방법을 막론하고 모두 당기비용 처리한다.

2. 변동원가계산

변동원가계산은 변동제조원가만 제품원가에 포함시키는 방법이다. 고정제조간접원가를 제외한 직접재료원가, 직접노무원가, 변동제조간접원가가 제품원가에 포함된다.

3. 초변동원가계산

초변동원가계산은 직접재료원가만 제품원가에 포함시키는 방법이다. 초변동원가계산은 아직까지 공무원 회계학에서 계산문제로 출제된 적은 없다. 'DM'만 제품원가에 포함하는 원가 계산 방법이라는 것만 기억하고 넘어가자.

2 전부원가계산과 변동원가계산의 손익계산서

전부원가계산		
1. 매출액		XXX
2. 매출원가		
기초제품재고액	XXX	
당기제품제조원가	XXX	
기말제품재고액	(XXX)	(XXX)
3. 매출총이익		XXX
4. 판매비와 관리비		
변동판관비	XXX	
고정판관비	XXX	(XXX)
5. 영업이익		XXX

변동원가계산		
1. 매출액		XXX
2. 변동원가		
변동매출원가	XXX	
변동판관비	XXX	(XXX)
3. 공헌이익		XXX
4. 고정원가		
고정제조간접원가	XXX	
고정판관비	XXX	(XXX)
5. 영업이익		XXX

1. 전부원가계산

전부원가계산은 모든 비용을 매출원가와 판관비로 구분한다. 전부원가계산으로 구한 제품원가 중 판매한 부분은 매출원가로 계상한다. 매출액에서 매출원가를 차감하여 매출총이익을 구한 뒤, 판관비를 차감하여 영업이익을 구한다.

2. 변동원가계산

(1) 공헌이익 = (판매가격 – 단위당 변동제조원가 – 단위당 변동판관비) × 판매량

변동원가계산은 비용을 변동원가와 고정원가로 구분한다. 매출액에서 변동원가를 차감한 이익을 공헌이익이라고 부른다.

(2) 영업이익 = 공헌이익 – 고정제조간접원가 – 고정판관비

공헌이익에서 고정원가를 차감한 이익을 영업이익이라고 한다. 변동원가계산에서는 전부원가계산과 달리 고정제조간접원가를 기간원가로 처리하므로 고정판관비와 함께 당기 발생액 전액을 비용화한다.

(3) 기말 제품원가: 기말 재고량 × 단위당 변동제조원가

변동원가계산은 변동제조원가만 제품원가에 포함 시키므로 기말 재고량에 단위당 변동제조원가를 곱해서 기말 제품원가를 구한다. 변동 '제조원가'만 제품원가에 포함하므로 변동 '판관비'는 제품원가에 포함하지 않도록 주의하자.

예제 **변동원가계산**

01 신설법인인 ㈜한국의 기말 제품 재고는 1,000개, 기말 재공품 재고는 없다. 다음 자료를 근거로 변동원가계산 방법에 의한 공헌이익은? 2018. 국가직 9급

• 판매량	4,000개
• 단위당 판매가격	₩1,000
• 생산량	5,000개
• 단위당 직접재료원가	₩300
• 단위당 직접노무원가	₩200
• 단위당 변동제조간접원가	₩100
• 총 고정제조간접비	₩1,000,000
• 단위당 변동판매관리비	₩150
• 총 고정판매관리비	₩800,000

① ₩1,000,000　　　　　　② ₩1,250,000

③ ₩1,600,000　　　　　　④ ₩2,000,000

● 해설

공헌이익: (1,000 − 300 − 200 − 100 − 150) × 4,000개 = 1,000,000

참고 변동원가계산 손익계산서

변동원가계산

1. 매출액		4,000 × @1,000 = 4,000,000
2. 변동원가		
변동매출원가	4,000 × (300 + 200 + 100) = 2,400,000	
변동판관비	4,000 × @150 = 600,000	(3,000,000)
3. 공헌이익		1,000,000
4. 고정원가		
고정제조간접원가	1,000,000	
고정판관비	800,000	(1,800,000)
5. 영업손실		△800,000

손익계산서는 참고용으로만 보자. 문제가 객관식인 시험 특성상 손익계산서를 그려보라고 할 수는 없기 때문이다.

답 ①

02 20X1년 초에 영업을 개시한 ㈜한국의 원가관련 자료는 다음과 같다.

• 생산량	10,000개	• 판매량	8,000개
• 단위당 판매가격	₩200	• 단위당 변동제조원가	₩110
• 단위당 변동판매관리비	₩40	• 고정제조간접원가	₩180,000
• 고정판매관리비	₩85,000		

제품의 단위당 판매가격이 ₩200인 경우에 ㈜한국의 20X1년 말 변동원가계산에 의한 영업이익과 기말제품 재고액은?

2019. 국가직 9급

03

	영업이익	기말제품 재고액
①	₩135,000	₩220,000
②	₩135,000	₩256,000
③	₩171,000	₩220,000
④	₩171,000	₩256,000

● 해설

(1) 영업이익: (200 − 110 − 40) × 8,000개 − 180,000 − 85,000 = 135,000
(2) 기말제품 재고액: 2,000개 × @110 = 220,000
- 변동 '판매관리비'는 변동원가이지만, 기말 제품원가에 포함되지 않는다.

답 ①

03 ㈜한국의 다음 자료를 이용한 변동제조원가발생액은? (단, 기초제품재고와 기초 및 기말 재공품재고는 없다)

2021. 지방직 9급

• 당기 제품생산량:50,000개	• 당기 제품판매량:50,000개
• 변동매출원가:₩900,000	

① ₩600,000　　　　　　　　② ₩700,000
③ ₩800,000　　　　　　　　④ ₩900,000

● 해설

변동원가계산에 따르면 변동제조원가 중 판매량에 해당하는 부분은 변동매출원가가 되고, 기말 재고 수량에 해당하는 부분은 기말 재고자산으로 자산화된다. 문제에서 기초제품이 없는 상태에서 50,000개를 생산하고, 50,000개가 전부 판매되었으므로 변동제조원가 중에서 자산화되는 부분 없이 전부 변동매출원가가 된다. 따라서 변동제조원가는 900,000이다.

답 ④

3 생산량 증가가 원가계산방법별 이익에 미치는 영향

	전부원가	변동원가
당기 이익	↑	−
차기 이익	↓	−

1. 전부원가계산: 생산량 증가 시 이익 증가!

고정제조간접원가는 고정원가이므로 생산량이 증가하더라도 총액은 불변이다. 고정원가는 각 제품에 1/N로 배부되는데, 생산량이 증가하면 그만큼 기말 재고가 증가하여 단위당 고정제조간접원가가 작아진다. 단위당 원가가 작아지므로 비용화되는 금액은 감소하여 당기순이익은 증가한다.

2. 변동원가계산: 생산량 증가 시 이익 불변!

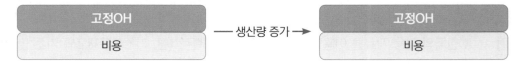

변동원가계산은 고정제조간접원가를 비용화하므로, 생산량 증가와 이익은 무관하다.

예제 생산량 증가가 원가계산방법별 이익에 미치는 영향

01 원가행태에 대한 설명으로 옳지 않은 것은? 2020. 지방직 9급

① 월급제로 급여를 받는 경우, 작업자가 받는 급여는 노무시간에 비례하지 않지만, 총생산량에 따라 작업자의 인원을 조정할 수 있으면 총노무원가는 계단원가가 된다.

② 제품수준(유지)원가는 제품 생산량과 무관하게 제품의 종류 수 등 제품수준(유지)원가동인에 비례하여 발생한다.

③ 고정제조간접원가가 발생하는 기업에서 전부원가계산을 채택하면 생산량이 많아질수록 제품단위당 이익은 크게 보고된다.

④ 초변동원가계산에서는 직접재료원가와 직접노무원가를 제품원가로 재고화하고 제조간접원가는 모두 기간비용으로 처리한다.

> **● 해설**
>
> ③ 전부원가계산 채택시 생산량이 많아질수록 제품 단위원가는 작아지므로 단위당 이익은 크게 보고된다. (O)
>
> ④ 초변동원가계산에서는 직접재료원가만 제품원가로 재고화한다. (X)
>
> 📖 ④

4 변동원가계산과 전부원가계산의 이익 차이 (중요!)

변동원가계산의 이익

(1) + 기말 재고자산에 포함된 고정OH

(2) − 기초 재고자산에 포함된 고정OH

　= 전부원가계산의 이익

- 기말 재고자산에 포함된 고정OH
  = 고정OH 배부율 × 기말 재고량
- 고정OH 배부율(=단위당 고정OH)
  = 고정OH ÷ **생산량**

변동원가계산의 이익을 전부원가계산의 이익으로 조정하기 위해서는 재고자산에 포함된 고정OH를 반영해주어야 한다. 전부원가계산과 달리 변동원가계산 하에서는 제품원가에 고정OH가 반영되어 있지 않기 때문이다.

(1) 기말 재고자산에 포함된 고정OH: 가산

전부원가계산은 변동원가계산과 달리 고정OH를 자산화하기 때문에 그만큼 기말 재고자산이 크다. 자산과 이익은 비례하기 때문에, 기말 재고자산이 큰 만큼 이익도 증가한다.

(2) 기초 재고자산에 포함된 고정OH: 차감

반대로, 전기 말 재고자산에 포함되어있는 고정OH는 당기 초 재고자산이 되어 매출원가로 비용화된다. 따라서 변동원가계산 하의 이익에서 기초 재고자산에 포함된 고정OH를 차감해야 한다.

(3) 고정OH 배부율(=단위당 고정OH): 고정OH ÷ 생산량

고정OH 배부율은 제품 한 단위에 배부되는 고정OH를 의미한다. 한 단위에 배부되는 고정OH이므로 '단위당 고정OH'와 같은 말이다. 고정OH 배부율은 고정OH를 생산량으로 나눠서 계산한다. 예를 들어, 당기에 영업을 개시한 후 당기에 발생한 고정OH가 ₩10,000, 생산량이 100개, 판매량이 80개라고 하자. 이 경우 고정OH 배부율은 ₩100(=₩10,000/100개)이며, 이 중 ₩8,000은 매출원가에, 나머지 ₩2,000은 기말 재고자산에 배부된다. 고정OH 배부율 계산 시 판매량으로 나누지 않도록 주의하자. 고정OH 중 판매량에 해당하는 비율만큼은 매출원가에, 기말 재고수량에 해당하는 비율만큼은 기말 재고자산에 배부되어야 하므로 배부율 계산 시 생산량으로 나눠야 한다.

예제 **변동원가계산과 전부원가계산의 이익 차이**

01 2010년 1월 1일에 영업을 개시한 ㈜대한은 2010년에 10,000단위의 제품을 생산하여 9,000 단위를 판매하였으며, 2010년 12월 31일 현재 기말재공품 및 원재료 재고는 없다. 실제 제품 원가는 제품 단위당 직접재료원가 ₩40, 직접노무원가 ₩20, 변동제조간접원가 ₩10이었고, 총고정제조간접원가는 ₩200,000이었다. ㈜대한이 실제원가계산을 하는 경우, 2010년도 전부원가계산에 의한 영업이익과 변동원가계산에 의한 영업이익의 차이는? 2011. 국가직 9급

① ₩20,000
② ₩90,000
③ ₩180,000
④ ₩200,000

● 해설

고정OH 배부율 = 200,000÷10,000(생산량) = 20
기말 제품 수량: 10,000단위(생산량)−9,000단위(판매량)=1,000단위

변동		
+ 기말	고정OH	+ 1,000단위 × 20 = 20,000
− 기초		
= 전부		

답 ①

02 〈보기〉의 자료로 계산한 변동원가계산방법과 전부원가계산방법 간 영업이익의 차이는?

2019. 서울시 9급

〈보기〉

기초재고수량 0개
생산량 200개
판매량 180개
총 변동재료원가   매출액 ₩180,000
총 변동가공원가   ₩100,000
총 고정제조간접원가   ₩ 20,000
총 고정판매비   ₩ 30,000
                                              ₩ 10,000

① ₩2,000   ② ₩3,000
③ ₩5,000   ④ ₩7,000

● 해설

고정OH 배부율: 30,000/200개 = 150

변동
 + 기말   고정OH   + 20개 × 150 = 3,000
 – 기초
 = 전부

답 ②

03 ㈜한국은 변동원가계산을 사용하여 ₩100,000의 순이익을 보고하였다. 기초 및 기말 재고자산은 각각 15,000단위와 19,000단위이다. 매 기간 고정제조간접비배부율이 단위당 ₩3이었다면 전부원가계산에 의한 순이익은? (단, 법인세는 무시한다)

2014. 국가직 9급

① ₩88,000   ② ₩145,000
③ ₩43,000   ④ ₩112,000

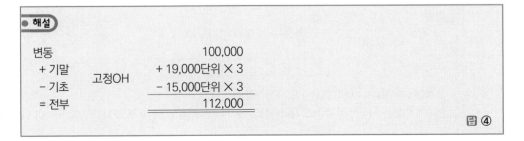

● 해설

변동   100,000
 + 기말   고정OH   + 19,000단위 × 3
 – 기초   – 15,000단위 × 3
 = 전부   112,000

답 ④

 **꿀팁!** '신설법인인 ㈜한국은~', '당기에 영업을 개시한 ㈜한국은~'

→ 기초 재고자산은 없다.

→ 기말 재고 = 생산량 – 판매량

→ 무조건 전부원가 이익〉변동원가 이익!

대부분의 문제에서는 기초 재고가 없는 것으로 제시한다. 기초 재고가 없는 것을 다양한 문장으로 제시하는데, 그중 일부 사례를 나열해 보았다. 변동원가계산과 전부원가계산의 이익 차이를 조정하는 문제에서는 기초 재고가 없는지 반드시 확인해보자.

기초 재고가 없는 경우 기말 재고는 생산량에서 판매량을 차감하여 구한다. 기초 재고 없이 기말 재고만 존재하므로 이익 차이 조정 식을 보면 전부원가계산 하의 이익이 변동원가계산보다 반드시 크다. 어느 계산의 이익이 더 큰지 묻는 문제에서는 '기초 재고가 없는 경우' 전부원가계산이 더 크다.

04 ㈜한국은 2015년에 영업을 시작하였으며, 당해 연도의 생산 및 판매와 관련된 자료는 다음과 같다. ㈜한국이 실제원가계산에 의한 전부원가계산방법과 변동원가계산방법을 사용할 경우, 영업이익이 더 높은 방법과 두 방법 간 영업이익의 차이는? 2016. 지방직 9급

• 제품생산량	1,000개	• 제품판매량	800개
• 고정제조간접원가	₩1,000,000	• 고정판매비와 관리비	₩1,100,000
• 기말 재공품은 없음			

	영업이익이 더 높은 방법	영업이익의 차이
①	전부원가계산	₩200,000
②	변동원가계산	₩200,000
③	전부원가계산	₩220,000
④	변동원가계산	₩220,000

● 해설

변동
+ 기말
– 기초   고정OH   +200단위 × 1,000 = 200,000
= 전부

고정OH 배부율 = 1,000,000÷1,000(생산량) = 1,000
당기에 영업을 시작한 경우 기초 재고자산이 없기 때문에 무조건 전부원가계산의 영업이익이 더 크다.

답 ①

05 20X1년 초에 영업을 개시한 ㈜한국은 동 기간에 5,000단위의 제품을 생산·완성하였으며, 단위당 ₩1,200에 판매하고 있다. 영업활동에 관한 자료는 다음과 같다.

단위당 직접재료원가	₩450	고정제조간접원가	₩500,000
단위당 직접노무원가	₩300	고정판매관리비	₩300,000
단위당 변동제조간접원가	₩100		
단위당 변동판매관리비	₩100		

전부원가계산에 의한 영업이익이 변동원가계산에 의한 영업이익보다 ₩300,000이 많을 경우, 20X1년 판매수량은?

2020. 지방직 9급

① 1,000단위   ② 2,000단위
③ 3,000단위   ④ 4,000단위

● **해설**

변동
  + 기말   고정OH   +②3,000 × ①100 = 300,000
  − 기초
  = 전부

①고정OH 배부율 = 500,000/5,000 = 100
②기말 재고량: 300,000/100 = 3,000단위
판매량: 5,000 − 3,000 = 2,000단위

답 ②

06 전부원가계산에 의한 영업이익이 변동원가계산에 의한 영업이익보다 ₩10,000이 더 클 때, 다음의 자료를 이용한 당기 생산량은?

2021. 지방직 9급 심화

구분	수량/금액
판매량	500개
고정판매관리비	₩15,000
고정제조간접원가(총액)	₩30,000
기초재고	없음

① 650개   ② 700개

③ 750개   ④ 800개

● **해설**

변동
+ 기말
− 기초   고정OH
= 전부

고정OH 배부율 × 기말 재고량 = 10,000
─────────────────────────
─────────────────────────

기초 재고가 없기 때문에 기초 재고에 포함된 고정 OH는 없으며, 기말 재고에 포함된 고정 OH가 10,000이다. 기말 재고에 포함된 고정 OH는 '고정OH 배부율 × 기말 재고량'으로 표현이 가능한데, 이는 다음과 같이 계산한다.

고정OH 배부율 × 기말 재고량 = 고정 OH 발생액/생산량 × (생산량 − 판매량) = 10,000

문제에 제시된 고정 OH와 판매량을 대입하면 다음과 같다.

30,000/생산량 × (생산량 − 500) = 10,000

식을 정리하면 생산량은 **750개**이다.

답 ③

넌 할 수 있어!

5 전부원가계산과 변동원가계산의 의의과 한계

	전부원가계산	변동원가계산
의의	회계기준에서 인정함	의사결정 및 성과평가에 유용
한계	생산량 변동을 통한 이익 조작의 가능성	회계기준에서 인정하지 않음

전부원가계산과 변동원가계산의 의의과 한계는 말문제로 가끔 출제된다. 중요한 주제는 아니므로 표의 내용만 읽어보고 넘어가자.

(1) 전부원가계산

전부원가계산은 기업회계기준에서 인정하는 방법으로, 재무보고 목적상 이용된다.

(2) 변동원가계산

변동원가계산은 내부 의사결정 및 성과평가 목적으로 이용된다. 변동원가계산을 적용하는 경우 생산량과 관계없이 이익이 불변이므로 생산량 조정을 통한 이익 조작이 불가능하기 때문이다.

예제 **전부원가계산과 변동원가계산의 의의과 한계**

01 다음의 변동원가계산에 대한 설명 중 옳지 않은 것은?
2014. 서울시 9급 수정

① 변동제조간접원가는 매출원가에 포함된다.
② 고정제조간접원가는 매출원가에 포함되지 않는다.
③ 제품의 생산량이 영업이익에 영향을 미치지 않아 단기의사결정과 성과평가에 유용하다.
④ 외부보고를 위해 일반적으로 인정되는 방법이다.

> ● 해설
>
> ④ 외부보고를 위해 일반적으로 사용하는 방법은 전부원가계산이다.
>
> 답 ④

02 전부원가계산과 변동원가계산에 대한 설명으로 옳지 않은 것은? (단, 주어진 내용 외의 다른 조건은 동일하다)

2020. 국가직 9급

① 전부원가계산에서 판매량이 일정하다면 생산량이 증가할수록 영업이익은 증가한다.
② 전부원가계산은 외부보고 목적보다 단기의사결정과 성과평가에 유용하다.
③ 변동원가계산에서는 고정제조간접원가를 제품원가에 포함시키지 않는다.
④ 변동원가계산에서 생산량의 증감은 이익에 영향을 미치지 않는다.

● **해설**

전부원가계산은 외부보고 목적으로 사용되며, 단기의사결정과 성과평가에 사용되는 것은 변동원가계산이다.

目 ②

Memo

COST ACCOUNTING

김용재 코어 공무원 회계학 원가관리회계

이 장의 출제 뽀인트!

① 손익분기점 판매량과 손익분기점 매출액 ★중요!
② 공헌이익률과 변동비율
③ 안전한계율과 영업레버리지도
④ (세후)목표이익을 위한 매출액
⑤ 복수제품 CVP분석 심화

CVP분석이란, Cost-Volume-Profit의 약자로, 비용, 조업도, 이익에 대한 분석기법을 말한다. 의미는 전혀 중요하지 않으며, 앞으로 다룰 주요 수치의 계산 방법만 잘 숙지하면 된다.

CVP분석은 거의 매년 1문제씩 출제되는 아주 중요한 주제이다. 위의 주제가 모두 빈출 주제이며, 그중에서도 손익분기점과 목표이익과 관련한 문제가 가장 많이 출제되었다. CVP분석은 주로 계산문제로 출제된다. 요구사항이 하나인 문제도 많지만, 각 선지마다 다른 걸 계산해야 되는 계산형 말문제가 많이 출제되는 파트이다. 계산형 말문제가 출제된다면 넘기고, 시간이 남으면 푸는 것을 추천한다.

CVP분석

1 공헌이익률, 변동비율

CVP분석은 앞서 배운 변동원가계산을 기본으로 한다. 변동원가계산은 생산량 변화에 따른 이익 변화가 없어 분석이 용이하기 때문이다. 따라서 CVP분석 시에는 변동원가계산의 공헌이익을 이용한다.

> • 공헌이익 = 매출액 – 변동원가 = <u>(단위당 판매가격 – 단위당 변동원가)</u> × 판매량
> '단위당 공헌이익'
> • 단위당 공헌이익 = 공헌이익÷판매량 = 단위당 판매가격 – 단위당 변동원가

공헌이익은 매출액에서 변동원가를 차감한 금액으로, 변동원가에는 변동제조원가와 변동판매관리비가 포함된다. 공헌이익을 판매량으로 나누면 단위당 공헌이익이 계산되는데, 단위당 판매가격에서 단위당 변동원가를 차감하여 직접 계산할 수도 있다.

> • 공헌이익률: 공헌이익/매출액 = 단위당 공헌이익 ÷ 단위당 판매가격
> • 변동비율: 변동원가/매출액 = 단위당 변동원가 ÷ 단위당 판매가격
> • 공헌이익률 + 변동비율 = 1, 변동비율 = 1 – 공헌이익률, 공헌이익률 = 1 – 변동비율

공헌이익률은 공헌이익을 매출액으로 나눈 비율을, 변동비율은 변동원가를 매출액으로 나눈 비율을 뜻한다. 공헌이익은 매출액에서 변동원가를 차감한 이익이므로, 공헌이익률과 변동비율의 합은 항상 1이다. 한 비율이 제시되면 1에서 차감하여 다른 비율을 구할 수 있다. 다음은 공헌이익과 변동원가의 관계를 그림으로 나타낸 것이다.

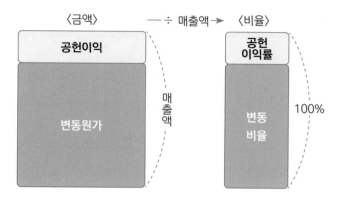

04

예제 공헌이익률, 변동비율

01 다음은 ㈜김수석의 판매가격 및 원가와 관련된 자료이다. 다음 자료를 이용하여 단위당 공헌이익, 공헌이익, 영업이익, 공헌이익률, 변동비율을 구하시오.

- 단위당 판매가격 : ₩1,000
- 단위당 직접재료원가 : ₩450
- 단위당 변동제조간접원가 : ₩100
- 단위당 변동판매비와관리비 : ₩50
- 판매량 : 2,000단위
- 단위당 직접노무원가 : ₩200
- 고정제조간접원가 : ₩100,000
- 고정판매비와관리비 : ₩200,000

● 해설

(1) 단위당 공헌이익: 1,000 − 450 − 200 − 100 − 50 = 200
(2) 공헌이익: 2,000단위 × @200 = 400,000
(3) 영업이익: 400,000 − 100,000 − 200,000 = 100,000
(4) 공헌이익률: 200÷1,000 = 400,000÷2,000,000(매출액) = 20%
(5) 변동비율: 800(단위당 변동원가)÷1,000 = 1 − 20% = 80%

2 손익분기점 및 목표이익 CVP분석 ★중요!

1. 손익분기점

손익분기점(BEP, Break - even - point)이란, 수익과 비용이 일치하여, 영업이익이 0인 상태를 말한다.

영업이익 = 매출액 – <u>변동원가</u> – 고정원가 = 0
　　　　　　　　　　공헌이익

→ 공헌이익 = 고정원가

영업이익은 매출액에서 변동원가와 고정원가를 차감해서 구하는 데, 손익분기점에서는 영업이익이 0이므로 공헌이익과 고정원가가 일치한다. 공헌이익은 판매량에 단위당 공헌이익을 곱해서 구할 수도 있고, 매출액에 공헌이익률을 곱해서 구할 수도 있다. 따라서 손익분기점 판매량과 손익분기점 매출액은 다음과 같이 구한다.

아래 표에 등장하는 '고정원가'는 '고정OH+고정판관비'를 의미한다. 70p을 참고하면 변동원가계산과 전부원가계산 모두 판관비는 기간원가로 처리하고 고정OH만 차이가 났다. 따라서 이익 차이 조정 시 고정OH만 고려했다. 하지만 CVP분석에서는 모든 원가를 변동원가와 고정원가로 나누어 분석한다. 따라서 공헌이익 계산 시에는 변동판관비까지 차감하고, 고정원가에는 고정판관비까지 포함한다.

판매량	매출액
공헌이익 = 판매량 × 단위당 공헌이익 = 고정원가	공헌이익 = 매출액 × 공헌이익률 = 고정원가
손익분기점 판매량 = 고정원가÷단위당 공헌이익	손익분기점 매출액 = 고정원가÷공헌이익률

판매량은 이익으로 나누어야 구할 수 있고, 매출액은 비율로 나누어야 구할 수 있다는 점을 기억하자.

04

예제 손익분기점

01 ㈜김수석의 고정원가는 ₩40,000,000, 단위당 판매가격은 ₩2,000, 단위당 변동원가는 ₩1,200일 때, 손익분기점 판매량과 손익분기점 매출액은?
2015. 국가직 9급 수정

> ● 해설
>
> (1) 손익분기점 판매량
> 단위당 공헌이익: 2,000 – 1,200 = 800
> 손익분기점 판매량: 40,000,000 ÷ 800 = 50,000개
> (2) 손익분기점 매출액
> 공헌이익률: 800 ÷ 2,000 = 40%
> 손익분기점 매출액: 40,000,000 ÷ 40% = ₩100,000,000

예제 손익분기점 매출액

01 ㈜한국의 손익분기점매출액이 ₩100,000,000, 고정비는 ₩40,000,000, 단위당 변동비는 ₩1,200일 때, 단위당 판매가격은?
2015. 국가직 9급

① ₩1,500 ② ₩1,600
③ ₩1,800 ④ ₩2,000

> ● 해설
>
> 손익분기점의 변동원가: 100,000,000 – 40,000,000 = 60,000,000
> – 손익분기점 상태에서는 수익과 비용이 일치하므로, 총 비용은 100,000,000이며, 이 중 고정비 40,000,000를 제외한 60,000,000이 변동원가이다.
> 손익분기점 판매량: 60,000,000/1,200 = 50,000
> 단위당 판매가격: 100,000,000/50,000 = 2,000
>
> 답 ④

02 의자 및 책상을 제조·판매하는 ㈜한국의 의자사업부문의 2012년 제조량은 총 100개이며, 제품단위당 판매가격은 ₩2,000이다. 의자사업부문 제조원가명세서에 나타난 직접재료원가와 직접노무원가는 각각 ₩100,000과 ₩50,000이고, 나머지 제조비용 ₩30,000은 모두 고정원가이다. 2012년도 이 회사 의자사업부문의 손익분기점 판매액은? 2012. 국가직 9급

① ₩180,000   ② ₩150,000
③ ₩120,000   ④ ₩80,000

● 해설

손익분기점 판매액을 구해야 하므로 공헌이익률와 고정원가를 알아야 한다. 문제에서 고정원가는 제시해주었으므로 공헌이익률만 알면 된다.

문제에서 제시해준 변동원가(DM, DL) 150,000은 제조량인 '100개를 생산할 때 발생한' 변동원가이다. 따라서 단위당 변동원가와 공헌이익률은 다음과 같이 구할 수 있다.

- 단위당 변동원가: (100,000 + 50,000)÷100개 = 1,500
- 단위당 공헌이익: 2,000 − 1,500 = 500
- 공헌이익률: 500÷2,000 = 25%
- 손익분기점 판매액: 30,000÷25% = 120,000

답 ③

예제   **손익분기점 계산형 말문제**

03   ㈜한국은 개당 ₩100에 호빵을 팔고 있으며, 사업 첫 달의 매출액은 ₩10,000, 총변동비는 ₩6,000, 총고정비는 ₩2,000이다. 이에 대한 설명으로 옳지 않은 것은? (단, 기초재고와 기말재고는 동일하다)

2011. 지방직 9급

① 공헌이익률은 60%이다.

② 단위당 공헌이익은 ₩40이다.

③ 손익분기점 매출액은 ₩5,000이다.

④ 매출이 ₩8,000이라면 이익은 ₩1,200이다.

● 해설

① 공헌이익: 10,000 − 6,000 = 4,000
  공헌이익률: 4,000/10,000 = 40% (X)
  현재는 손익분기점 상태가 아니므로 공헌이익이 고정비 2,000과 차이가 난다.
② 판매량: 10,000/100 = 100개
  단위당 공헌이익: 4,000/100개 = 40 (O)
③ 손익분기점 매출액: 2,000/40% = 5,000 (O)
④ 이익: 8,000 × 40% − 2,000 = 1,200 (O)
현재 매출은 10,000인데, 매출이 8,000으로 바뀌더라도 공헌이익률은 40%로 고정이다.
이해가 안 간다면 14p를 참고하자. 변동원가는 매출에 비례하여 발생하는 원가이므로 매출이 감소하면 변동원가도 감소하며, 단위당 변동원가는 불변이다. 호빵의 개당 판매가격은 100, 단위당 변동원가는 60인 상태로 100개를 판매하고 있는데, 이를 80개를 팔더라도 개당 판매가격과 단위당 변동원가는 각각 100과 60으로 불변이다. 따라서 공헌이익률은 (100−60)/100=40%로 불변이다.

답 ①

2. 목표이익 CVP분석

CVP분석은 주로 영업이익이 0인 손익분기점에 대해 다루지만, 영업이익이 0이 아닌 경우도 다룬다. 문제에서 목표이익을 제시하고, 그를 달성하기 위한 매출액이나 판매량을 묻는 경우가 대부분이다.

- 손익분기점: 공헌이익 = 고정원가
- 목표이익이 있는 경우: 공헌이익 = 고정원가 + 목표이익

앞서 배웠듯, 손익분기점 상태일 때는 공헌이익과 고정원가가 일치한다. 영업이익이 0이기 때문이다. 하지만 목표이익이 있는 경우에는 공헌이익이 고정원가를 커버하고도, 목표이익만큼 남아야 한다. 따라서 손익분기점 공식의 고정원가 자리에 '고정원가 + 목표이익'을 대입하면 된다.

 김수석의 핵심 콕! 손익분기점과 목표이익 달성을 위한 판매량, 매출액 ★중요!

	판매량	매출액
손익분기점	고정원가÷단위당 공헌이익	고정원가÷공헌이익률
목표이익 달성을 위한	(고정원가 + 목표이익) ÷ 단위당 공헌이익	(고정원가 + 목표이익)÷공헌이익률

위 표만 외워도 CVP분석의 대다수 문제를 풀 수 있다. 위 표를 반드시 숙지하자.

예제 목표이익 CVP분석

01 ㈜김수석의 고정원가는 ₩40,000,000, 단위당 판매가격은 ₩2,000, 단위당 변동원가는 ₩1,200이다. 목표이익 ₩20,000,000을 달성하기 위한 판매량과 매출액은?

> **● 해설**
>
> (1) 목표이익을 달성하기 위한 판매량
>   단위당 공헌이익: 800
>   목표이익을 달성하기 위한 판매량: (40,000,000 + 20,000,000) ÷ 800 = 75,000개
> (2) 목표이익을 달성하기 위한 매출액
>   공헌이익률: 40%
>   목표이익을 달성하기 위한 매출액: (40,000,000 + 20,000,000) ÷ 40% = ₩150,000,000

04

02 손익분기점 매출액이 ₩360이며 공헌이익률은 30%일 때, 목표이익 ₩84을 달성하기 위한 총매출액은?

2013. 지방직 9급

① ₩280 ② ₩480
③ ₩560 ④ ₩640

> **● 해설**
>
> 고정원가: 360 × 30% = 108
> 목표이익을 위한 매출액: (108 + 84)÷30% = 640
>
> **답 ④**

03 ㈜한국의 공헌이익률은 30%이고, 목표 영업이익은 매출액의 16%이다. 매출액을 S, 총고정비를 F라 할 때, 목표 영업이익을 달성하기 위하여 요구되는 매출액은? <small>2012. 지방직 9급</small> (심화)

① 0.3/F   ② F/0.14

③ F/0.3   ④ 0.14/F

● 해설

이익: $0.3S - F = 0.16S$

위 식을 정리하면, $S = F/0.14$

− 미지수로 된 식을 정리하는 것이 이해되지 않는다면 넘어가도 좋다. 이 문제와 비슷한 문제가 다시 출제될 가능성은 거의 없다.

답 ②

---

3. 법인세를 고려한 CVP분석

- 세후 이익 = 세전 이익 × (1 − 세율)
- 세후 이익/(1 − 세율) = 세전 이익

세후 이익은 세전 이익에서 법인세비용을 차감한 이익을 말한다. 법인세비용은 세전 이익에 세율을 곱하여 구하므로, '세후 이익 = 세전 이익 × (1 − 세율)'과 같이 표시할 수 있다. 문제에서는 목표 세후 이익을 제시하고 그를 달성하기 위한 판매량 및 매출액을 묻는다. 위의 첫 번째 식에서 (1 − 세율)을 반대쪽으로 넘기면 두 번째 식을 도출할 수 있다. 두 번째 식을 사용하여 목표세후이익을 세전이익으로 변환한 후, 원래 식에 대입하여 요구사항을 구한다.

넌 할 수 있어!

예제 법인세를 고려한 CVP분석

01 제품단위당 변동비가 ₩800이며, 연간 고정비 발생액은 ₩3,600,000이다. 공헌이익률은 20%이며 법인세율이 20%인 경우, 법인세차감후순이익 ₩3,600,000을 달성하기 위해서 연간 몇 단위의 제품을 제조·판매해야 하는가? (단, 기초재고는 없다) 2018. 지방직 9급

① 34,000단위
② 40,500단위
③ 44,500단위
④ 50,625단위

> **해설**
>
> • 목표 세전이익: 3,600,000÷(1 - 20%) = 4,500,000
> • 단위당 판매가격: 800÷(1 - 20%) = 1,000
> • 단위당 공헌이익: 1,000 × 20% = 200
> • 목표 판매량: (4,500,000 + 3,600,000)÷200 = 40,500단위
>
> 답 ②

02 다음은 단일제품인 곰인형을 생산하고 있는 ㈜한국의 판매가격 및 원가와 관련된 자료이다. 법인세율이 20%인 경우, 세후 목표이익 ₩200,000을 달성하기 위한 곰인형의 판매수량은? (단, 생산설비는 충분히 크며, 생산량과 판매량은 같다고 가정한다) 2015. 지방직 9급

• 단위당 판매가격:₩1,000	• 단위당 직접재료원가:₩450
• 단위당 직접노무원가:₩200	• 단위당 변동제조간접원가:₩100
• 단위당 변동판매원가:₩50	• 고정원가 총액:₩300,000

① 2,250단위
② 2,500단위
③ 2,750단위
④ 3,000단위

> **해설**
>
> • 세전 목표이익: 200,000 ÷ (1 - 20%) = 250,000
> • 단위당 공헌이익: 1,000 - 450 - 200 - 100 - 50 = 200
> • 목표 판매량: (250,000 + 300,000) ÷ 200 = 2,750단위
>
> 답 ③

Chapter 04. CVP분석 | 93

 법인세가 있더라도 손익분기점을 물었다면 법인세 무시!

'세후이익 = 세전이익 × (1 − 세율)'로 계산된다. 손익분기점일 때에는 세전이익이 0이다. 따라서 법인세가 있는 문제더라도 '손익분기점'을 물었다면 법인세가 없다고 가정하고 문제를 풀어도 된다.

03 ㈜한국은 단일 제품을 생산하여 판매하고 있다. 제품단위당 판매가격은 ₩500이며, 20X1 년 매출 및 원가자료는 다음과 같다. 법인세율이 30%라고 할 때, (가) 손익분기점 판매량과 (나) 세후목표이익 ₩70,000을 달성하기 위한 매출액은? (단, 기초재고와 기말재고는 없다) 2019. 지방직 9급

매출액	₩600,000
변동원가	360,000
고정원가	200,000

	(가)	(나)
①	1,000개	₩675,000
②	1,000개	₩750,000
③	1,200개	₩675,000
④	1,200개	₩750,000

● **해설**

(가)
• 공헌이익: 600,000 − 360,000 = 240,000
• 판매량: 600,000 ÷ 500 = 1,200개
• 단위당 공헌이익: 240,000 ÷ 1,200개 = 200
• 손익분기점 판매량: 200,000 ÷ 200 = 1,000개
  − 손익분기점을 물었기 때문에 법인세를 고려할 필요가 없다.

(나)
• 세전목표이익: 70,000 ÷ (1 − 30%) = 100,000
• 공헌이익률: 200 ÷ 500 = 240,000 ÷ 600,000 = 40%
• 목표 매출액: (100,000 + 200,000) ÷ 40% = 750,000

답 ②

4. 누진세율인 경우 심화

누진세율을 적용하는 경우 소득구간에 따라 적용받는 세율이 달라진다. 따라서 세전이익을 '세후이익/(1 - 세율)'의 방식으로 간단하게 구할 수 없다. 문제의 세율 구조가 누진세율로 제시된 경우에는 다음과 같은 순서로 문제 풀이를 진행한다.

STEP 1 최초세율 구간의 세후이익 구하기

최초세율 구간 세후이익 = 최초세율 구간 범위 × (1 - 최초 세율)

누진세율로 제시하는 경우에는 세전이익이 최초세율 구간을 넘도록 문제를 제시하므로 최초세율 구간을 꽉 채운다고 보자. 따라서 최초세율 구간 범위가 최초세율 구간 세전이익이 되고, (1 - 최초세율)을 곱하면 세후이익이 된다.

STEP 2 누진세율 구간의 세후이익 구하기

누진세율 구간 세후이익 = 목표세후이익 - 최초세율 구간 세후이익

목표세후이익 중에서 최초세율 구간에서 벌어들이는 세후이익을 초과하는 부분은 누진세율 구간에서 벌어들여야 한다.

STEP 3 총 세전이익 구하기

• 누진세율 구간 세전이익 = 누진세율 구간 세후이익/(1 - 누진세율)
• 총 세전이익 = 최초세율 구간 범위 + 누진세율 구간 세전이익

누진세율 구간 세후이익을 (1-누진세율)로 나누면 세전이익으로 전환할 수 있다.
최초세율 구간 범위가 최초세율 구간의 세전이익이므로, 여기에 누진세율 구간 세전이익을 더하면 총 세전이익을 구할 수 있다.

STEP 4 답 구하기

목표 세전이익을 구했으므로, 일반적인 목표이익 CVP분석과 동일한 방법으로 판매량, 매출액 등을 구한다.

법인세를 고려한 CVP분석 - 누진세율인 경우

01 2013년 1월 1일에 영업을 개시한 ㈜대한은 단위당 판매가격 ₩1,000, 단위당 변동원가 ₩700 그리고 총고정원가가 ₩70,000인 연필을 생산하여 판매하고 있다. ㈜대한의 당해 연도에 생산된 연필은 당기 중에 모두 판매된다. 한편 ㈜대한의 세전이익에 대해 ₩10,000까지는 10%, ₩10,000을 초과하는 금액에 대해서는 20%의 세율이 적용된다. 만일 ㈜대한이 2013년도에 ₩17,000의 세후순이익을 보고하였다면 2013년도에 판매한 연필의 수량은?

2014. 지방직 9급

① 200개   ② 250개
③ 300개   ④ 350개

● **해설**

세율 구간 (세율)	세후	세전
~10,000 (10%) 10,000~ (20%)	①9,000 ③8,000	10,000 ④10,000
계	②17,000	⑤20,000

Step 1. 최초세율 구간의 세후이익 구하기
    10% 세율 구간 세후이익: 10,000 × (1 − 10%) = 9,000
    – 이익이 최초 세율 구간은 무조건 넘는다고 보고 최초세율 구간 범위에 (1 − 세율)을 곱하여 세후이익을 구한다.
Step 2. 누진세율 구간의 세후이익 구하기
    20% 세율 구간 세후이익: 17,000 − 9,000 = 8,000
    – 총 목표세후이익에서 최초세율 구간 세후이익을 차감해 누진세율 구간 세후이익을 구한다.
Step 3. 총 세전이익 구하기
    세전이익: 8,000 ÷ (1 − 20%) + 10,000 = 20,000
    – 누진세율 구간 세전이익을 구한 뒤, 최초세율 구간 범위를 가산하여 총 세전이익을 구한다.
Step 4. 답 구하기
    단위당 공헌이익: 1,000 − 700 = 300
    판매량: (20,000 + 70,000) ÷ 300 = 300개
    – 20,000을 목표이익으로 보고 일반적인 CVP 식에 대입하여 답을 구한다.

目 ③

3 안전한계와 영업레버리지도

- 안전한계 (매출액): 현재 매출액 − 손익분기점 매출액
- 안전한계 판매량: 현재 판매량 − 손익분기점 판매량
- 안전한계율: 안전한계 판매량÷현재 판매량 = 안전한계 (매출액)÷현재 매출액
- 영업레버리지도 = △영업이익/△매출액 = 공헌이익/영업이익 = 1/안전한계율

1. 안전한계

안전한계란, 현재 판매 성과가 손익분기점을 초과하는 부분을 말한다. 안전한계 지표에는 안전한계(매출액)과 안전한계 판매량이 있다. 일반적으로 기출 문제에서는 아무 수식어 없이 '안전한계'라고 제시하는데, 이는 매출액을 의미하는 것이다. 위 공식 중에서는 안전한계가 제일 자주 출제된다. 안전한계는 손익분기점을 초과하는 부분이므로 손익분기점을 먼저 구해야 한다. 안전한계를 물었다면 손익분기점 매출액을, 안전한계 판매량을 물었다면 손익분기점 판매량을 구하자. 현재 매출액 (or 판매량)에서 손익분기점 매출액 (or 판매량)을 차감하면 안전한계 (or 판매량)가 계산된다.

2. 안전한계율

안전한계율이란, 안전한계를 현재 판매 성과로 나눈 비율로, 현재 성과 중에서 안전한계의 비율을 뜻한다. 안전한계율의 분자에 안전한계 판매량을 이용했다면 판매량으로 나눠야 하고, 안전한계(매출액)를 이용했다면 매출액으로 나눠야 한다.

예제 ▶ 안전한계

01 A제품의 매출액이 ₩500,000이고, 제품 단위당 변동원가가 ₩6, 판매가격이 ₩8이다. 고정원가가 ₩100,000일 경우 안전한계는?

2011. 국가직 9급

① ₩ 25,000   ② ₩100,000
③ ₩125,000   ④ ₩275,000

> ● 해설
>
> • 단위당 공헌이익: 8 − 6 = 2
> • 공헌이익률: 2/8 = 25%
> • 손익분기점 매출액: 100,000/25% = 400,000
> • 안전한계: 500,000 − 400,000 = 100,000
>
> 답 ②

02 (주)한국의 20×1년도 고정비는 ₩600,000이고 손익분기점 매출액이 ₩1,500,000이며, 안전한계율이 40%일 경우, 영업이익은?

2021. 국가직 7급

① ₩0   ② ₩200,000
③ ₩400,000   ④ ₩1,000,000

> ● 해설
>
> 안전한계율 : (매출액 − 손익분기점 매출액) / 매출액 = (매출액 − 1,500,000) / 매출액 = 40%
> → 매출액 = 2,500,000
> 손익분기점 매출액 : 고정원가/공헌이익률 = 1,500,000
> → 공헌이익률 = 600,000 / 1,500,000 = 40%
> 영업이익 : 2,500,000 × 40% − 600,000 = 400,000
>
> 답 ③

예제 안전한계 계산형 말문제

03 ㈜대한은 A 투자안과 B 투자안 중에서 원가구조가 이익에 미치는 영향을 고려하여 하나의 투자안을 선택하고자 한다. 두 투자안의 예상 판매량은 각 100단위이고, 매출액 등의 자료가 다음과 같을 때, 두 투자안에 대한 비교 설명으로 옳은 것은?

2016. 국가직 9급

	A 투자안	B 투자안
매출액	₩20,000	₩20,000
변동비	₩12,000	₩10,000
고정비	₩4,000	₩6,000
영업이익	₩4,000	₩4,000

① A 투자안의 변동비율이 B 투자안의 변동비율보다 작다.

② A 투자안의 단위당 공헌이익이 B 투자안의 단위당 공헌이익보다 크다.

③ A 투자안의 손익분기점 판매량이 B 투자안의 손익분기점 판매량보다 적다.

④ A 투자안의 안전한계는 B 투자안의 안전한계보다 작다.

> **해설**
>
> | | A | | B | |
> |---|---|---|---|---|
> | ① 변동비율 | 12,000÷20,000 = 60% | 〉 | 10,000÷20,000 = 50% | X |
> | ② 단위당 공헌이익 | (20,000 − 12,000) ÷ 100 = 80 | 〈 | (20,000 − 10,000) ÷ 100 = 100 | X |
> | ③ 손익분기점 판매량 | 4,000 ÷ 80 = 50 | 〈 | 6,000 ÷ 100 = 60 | O |
> | ④ 안전한계 | 20,000 − 50개 X @200 = 10,000 | 〉 | 20,000 − 60개 X @200 = 8,000 | X |
>
> − 단위당 판매가격: 20,000/100단위 = @200
>
> 답 ③

3. 영업레버리지도(DOL)

영업레버리지도(DOL, Degree of Operating Leverage)란, 매출액 증가율 대비 영업이익 증가율의 비율을 의미한다. 실제 계산은 '공헌이익/영업이익'의 방식으로 하며, 영업레버리지도는 안전한계율의 역수이다. 영업레버리지도는 중요도가 낮아서 단독 출제되기보다는, 안전한계율과 같이 출제되는 경우가 많다. 안전한계율을 먼저 구한 뒤, 역수를 취해주면 영업레버리지도를 구할 수 있다. 왜 세 개의 값이 같은지는 수험 목적상 생략한다. 다음의 사례를 보고, 세 개의 값이 같다는 것만 확인하자.

매출액	50,000	─ 10% 증가 →	55,000
변동원가	(30,000)	─ 10% 증가 →	(33,000)
공헌이익	20,000	─ 10% 증가 →	22,000
고정원가	(10,000)	─ 고정 →	(10,000)
영업이익	10,000	─ **20% 증가** →	12,000

영업레버리지도는 다음의 세 가지 방법으로 구할 수 있다.

(1) △영업이익/△매출액: 매출액이 10% 증가 시 영업이익이 20% 증가했으므로 20%/10% = 2

(2) 공헌이익/영업이익: 20,000/10,000 = 2

(3) **1/안전한계율 = 1/0.5 = 2**

공헌이익률: 20,000/50,000 = 40%
손익분기점 매출액: 10,000/40% = 25,000
안전한계: 50,000 - 25,000 = 25,000
안전한계율 = 25,000/50,000 = 0.5

실전에서는 안전한계율과 같이 출제될 가능성이 높으므로 마지막 (3) 방법을 잘 기억해두자.

 영업레버리지도 공식 암기법

매출액	50,000	
변동원가	(30,000)	
공헌이익	20,000	⌐
고정원가	(10,000)	│ DOL = 2
영업이익	10,000	⌐

많은 수험생들이 영업레버리지도 공식을 헷갈려한다. 공식이 생각나지 않을 땐 변동원가계산 손익계산서를 떠올리자. 공헌이익에서 고정원가를 차감하여 영업이익을 구하는 형태인데, **공헌이익과 영업이익 사이에 가로로 줄을 그으면 영업레버리지도를 계산할 수 있다.** 위 사례에서는 '20,000/10,000 = 2'으로 계산된다.

예제   영업레버리지도

01 ㈜한국의 다음 자료를 이용한 영업레버리지도는? (단, 기말재고와 기초재고는 없다) 2021. 지방직 9급

• 매출액:₩1,000,000	• 공헌이익률:30%	• 고정원가:₩180,000

① 0.4   ② 0.6

③ 2.0   ④ 2.5

● 해설

영업레버리지도 = 공헌이익/영업이익 = 300,000/120,000 = 2.5

매출액	1,000,000
변동원가	
공헌이익	300,000
고정원가	(180,000)
영업이익	120,000

DOL = 2.5

답 ④

02 ㈜한국의 자료가 다음과 같을 때, 옳지 않은 것은?   2017. 지방직 9급

• 상품 단위당 판매가격	₩100	• 당기 판매량	100개
• 당기총고정원가	₩500	• 공헌이익률	10%
• 법인세율	50%		

① 세후이익은 ₩250이다.   ② 손익분기점 매출액은 ₩5,000이다.

③ 안전한계는 ₩5,000이다.   ④ 영업레버리지도는 3이다.

● 해설

① 세후이익: (100 × 10% × 100개 − 500) × (1 − 50%) = 250 (O)

② 손익분기점 매출액: 500÷10% = 5,000 (O)

③ 안전한계: 100개 × @100(현재 매출액) − 5,000(손익분기점 매출액) = 5,000 (O)

④ 안전한계율: 5,000(안전한계)÷10,000(현재 매출액) = 0.5

영업레버리지도: 1/0.5 = 2 (X)

답 ④

4 완화된 가정의 CVP 분석 (심화)

CVP분석의 기본 가정은 다음과 같다.

(1) 관련범위 내에서 단위당 판매가격 및 단위당 변동원가는 일정하다.
(2) 관련범위 내에서 고정원가는 일정하다.

위의 가정들이 성립하지 않을 때의 CVP분석에 대해 다룰 것이다. 즉, 위에서 나열한 변수들이 변할 때 그를 처리하는 방법을 배울 것이다.

1. 단위당 판매가격 및 변동원가가 변하는 경우

단위당 판매가격 및 변동원가가 변하게 되면 **단위당 공헌이익이 변한다.** 그 결과 손익분기점 판매량(= 고정원가/단위당 공헌이익) 계산 시 분모가 변하게 된다. 변수가 바뀌면 기본식(영업이익 = 공헌이익 – 고정원가)에서 문제에서 묻는 미지수를 x로 놓고 풀자.

예제 **완화된 가정의 CVP 분석**

01 ㈜한국의 20X1년 제품 단위당 변동원가는 ₩600, 연간 고정원가는 ₩190,000이다. 국내시장에서 단위당 ₩1,000에 300개를 판매할 계획이며, 남은 제품은 해외시장에서 ₩950에 판매가능하다. 20X1년 손익분기점 판매량은? (단, 해외시장에 판매하더라도 제품단위당 변동원가는 동일하며 해외판매는 국내수요에 영향을 주지 않는다.) 2018. 국가직 9급

① 500개   ② 950개
③ 1,050개   ④ 1,100개

● 해설

- 단위당 공헌이익
  - 국내판매: 1,000 – 600 = 400
  - 해외판매: 950 – 600 = 350
- 국내판매 공헌이익: 300개 × @400 = 120,000
- 손익분기점을 달성하기 위한 해외판매 공헌이익: 190,000 – 120,000 = 70,000
- 손익분기점 해외판매량: 70,000/350 = 200개
- 손익분기점 판매량: 300개 + 200개 = 500개

답 ①

02 김철수씨는 버스정류장 근처에서 조그만 컨테이너박스를 임대하여 김밥을 판매하고 있다. 김밥은 개당 ₩1,000에 구입하여 ₩2,000에 판매하고, 매월 임대료 등 고정비용은 ₩600,000이다. 김철수씨는 최근 월임대료 ₩180,000의 인상을 통보받았다. 또한 김밥의 구입단가도 ₩1,200으로 인상되었다. 김철수씨는 종전과 같은 월 손익분기매출수량을 유지하기 위해 김밥의 판매가격 조정을 고려하고 있다. 새로 조정될 김밥 판매가격은?　2010. 지방직 9급

① ₩1,500　　　　　　　　　② ₩2,000

③ ₩2,500　　　　　　　　　④ ₩3,000

● 해설

- 기존 손익분기매출수량: 600,000÷(2,000 − 1,000) = 600개
- 인상 후 손익분기매출수량: 780,000÷(X− 1,200) = 600개
- X(인상 후 판매가격) = 2,500

참고 김밥 구입액이 변동원가인 이유
김철수씨는 김밥을 구입해서 판매하고 있다. 김밥을 1개 팔면 1개만 사오면 되지만, 김밥을 100개 팔면 100개를 사야 한다. 이처럼 김밥 판매량에 따라 김밥 구입량이 증가하기 때문에 김밥 구입액은 변동원가에 해당한다.

답 ③

03 ㈜한강전자는 한 종류의 휴대전화기를 제조·판매한다. 휴대전화기의 단위당 판매가격은 ₩80이고, 단위당 변동원가는 ₩60, 고정원가는 ₩240,000이며, 관련범위는 18,000 단위이다. 다음 중 옳지 않은 것은? (단, 세금은 고려하지 않음)　2010. 국가직 9급

① 휴대전화기의 단위당 공헌이익률은 25%이다.

② 매출수량이 12,000 단위이면 안전한계는 0이다.

③ 제품 단위당 변동원가가 ₩10 감소하면 손익분기점 판매량은 4,000 단위가 감소한다.

④ 고정원가가 ₩192,000으로 감소하면 공헌이익률은 20% 증가한다.

● 해설

① 단위당 공헌이익률 = 20 ÷ 80 = 25%
② 손익분기점 판매량: 240,000 ÷ 20 = 12,000개, 안전한계 판매량이 0개이므로, 안전한계도 0이다.
③ 변동원가 감소 후 손익분기점 판매량: 240,000 ÷ (80 − 50) = 8,000개. 4,000개 감소.
④ '공헌이익률 = 공헌이익 ÷ 매출액'이므로 고정원가와 무관하다.

답 ④

04 ㈜한국은 급여체계를 일부 변경하려고 고민하고 있는데, 현재의 자료는 다음과 같다.

제품 단위당 판매가격	₩100
공헌이익률	60%
연간고정원가	
임차료	₩15,000
급여	₩21,000
광고선전비	₩12,000

만약 매출액의 10%를 성과급으로 지급하는 방식으로 급여체계를 변경한다면 고정급여는 ₩6,000이 절약될 것으로 추정하고 있다. 급여체계의 변경으로 인한 손익분기점 판매량의 변화는?

2020. 지방직 9급

① 40단위 증가   ② 40단위 감소

③ 50단위 증가   ④ 50단위 감소

● **해설**

• 기존 손익분기점 판매량: 48,000/60 = 800단위
  – 단위당 공헌이익: 100 × 60% = 60
  – 고정원가: 15,000 + 21,000 + 12,000 = 48,000
• 변경 후 손익분기점 판매량: 42,000/50 = 840단위
  – 단위당 공헌이익: 100 × 50% = 50
  – 고정원가: 48,000 – 6,000 = 42,000
• 손익분기점 판매량 변화: 840 – 800 = 40단위 증가

참고 변경 후 공헌이익률이 50%인 이유
① **변경 후 변동원가** = 변경 전 변동원가 + 매출액 × 10%
② **변경 전 변동원가** = 매출액 × 40%
③ **변경 후 변동원가** = 매출액 × 40% + 매출액 × 10% = 매출액 × 50%
④ **변경 후 변동비율** = 변경 후 변동원가/매출액 = 매출액 × 50%/매출액 = 50%
⑤ 변경 후 공헌이익률 = 1 – 변경 후 변동비율 = 1 – 50% = 50%

① 변동원가는 매출액에 비례해서 증가하는 원가를 의미한다. 매출액의 10%를 성과급으로 지급하므로, 변동원가는 변경 전 변동원가에 비해 매출액의 10%만큼 증가한다.
② 변경 전에는 공헌이익률이 60%이므로, 변동비율은 40%(=1–60%)이다. 따라서 매출액에 40%를 곱하면 변경 전 변동원가를 구할 수 있다.
③ ①번 식의 '변경 전 변동원가'에 ②번 식을 대입한 식이다.

답 ①

2. 조업도에 따라 고정원가가 변하는 경우 심화

조업도에 따라 고정원가가 변하는 경우에는 고정원가가 준고정원가(계단원가)의 형태를 띈다. 조업도 계산 후에 조업도가 관련 범위에 들어오는지 반드시 확인해야 한다. 이 유형은 거의 출제되지 않는 유형이므로 시간이 없다면 생략하자.

 **조업도에 따라 고정원가가 변하는 경우: 답은 두 번째 관련 범위에서 나옴!**

조업도에 따라 고정원가가 변하는 경우 일반적으로 두 번째 범위에서 답을 많이 제시한다. 첫 번째 관련 범위는 무시하고, 바로 두 번째 관련 범위의 고정원가를 이용하여 손익분기점 판매량을 구한 뒤, 관련 범위에 들어오는지 확인하고 맞다면 넘어가면 된다.

예제 　완화된 가정의 CVP 분석

01 ㈜서울은 당기에 생산한 제품을 전량 판매하고 있는데, 제품 단위당 변동원가는 ₩450이고 공헌이익률은 25%이다. 총고정원가는 생산량이 1,500단위 이하일 경우 ₩180,000이고, 1,500단위를 초과할 경우 ₩240,000이다. 목표이익 ₩60,000을 달성하기 위한 생산, 판매량은? (단, 법인세는 없다.) 　2019. 서울시 9급 심화

① 1,200단위　　　② 1,400단위　　　③ 1,600단위　　　④ 2,000단위

● **해설**

변동비율 = 1 - 공헌이익률 = 75%

매출액 1	
공헌이익 0.25	150
변동원가 0.75	450

단위당 변동원가가 450이고, 변동비율이 75%이므로 단위당 공헌이익 = 450/3 = 150이다.
목표이익을 달성하기 위한 판매량은 다음과 같이 구한다.

관련범위	목표 판매량 식	판매량
~1,500단위	(60,000 + 180,000)/150 =	1,600단위 (X)
1,500단위~	(60,000 + 240,000)/150 =	2,000단위 (O)

1,600단위는 관련범위인 1,500단위 미만에 들어오지 않으므로 답이 아니며, 2,000단위가 정답이다. 이 문제의 경우에도 2번째 관련 범위에서 답이 나왔다. 비단 공무원 회계학 분만 아니라 회계사, 세무사 기출에서도 공통적으로 적용되던 사항이다. 수험생 여러분들께서는 불안해하지 말고 **자신 있게 첫 번째 관련 범위를 넘어가길** 바란다.

🖐 ④

5 복수제품 CVP 분석 심화

지금까지의 CVP 분석은 제품이 한 종류일 때를 가정하였다. 제품이 두 종류일 때에도 CVP 분석이 가능하다. 복수제품일 때에는 각 제품의 매출 비율이 일정하다고 가정한다. 가령 젓가락과 수저를 2:1의 비율로 묶어서 판매한다면, 항상 그 비율대로 판다고 보는 것이다. 이 조건 하에서 젓가락의 판매량은 반드시 수저의 판매량의 2배가 된다.

매출 비율이 일정하므로 복수제품 CVP 분석은 Set 단위로 이루어진다. 위 사례에서 젓가락 2개와 수저 1개를 하나의 Set로 본다. 복수제품 CVP 분석 문제는 다음의 순서로 푼다.

STEP 1 제품별 단위당 공헌이익 구하기

> 단위당 공헌이익 = 단위당 판매가격 - 단위당 변동원가
>   = 단위당 판매가격 × 공헌이익률

문제에서 판매가격과 변동원가를 제시하면 첫 번째 식을, 판매가격과 공헌이익률을 제시하면 두 번째 식을 이용해서 단위당 공헌이익을 구한다.

STEP 2 Set당 공헌이익 구하기

> Set당 공헌이익 = Σ각 제품의 단위당 공헌이익 × 각 제품별 Set내 수량

복수제품 CVP 분석에서는 두 개의 제품을 한 Set로 묶어서 파는 것을 가정한다. Step 1에서 구한 단위당 공헌이익에 각 제품별 Set내 수량을 곱해서 더하면 Set당 공헌이익을 구할 수 있다.

STEP 3 손익분기점 or 목표이익 Set 판매량 구하기

한 Set를 하나의 제품으로 보고 손익분기점 혹은 목표이익 Set 판매량을 구한다.

> Set 판매량 = (고정원가 + 목표이익)/Set당 공헌이익

목표이익이 있다면 문제에서 제시한 목표이익을 대입하고, 손익분기점을 구한다면 목표이익에 0을 대입하여 Set 판매량을 구하면 된다.

STEP 4 개별 제품의 판매량 및 매출액 구하기

> (1) 각 제품의 판매량 = Set 판매량 × 각 제품별 Set내 수량
> (2) 각 제품의 매출액 = 각 제품의 판매량 × 단위당 판매가격

일반적으로는 판매량을 묻지만, 매출액을 묻는다면 판매량에 단위당 판매가격을 곱하면 된다.

예제 복수제품 CVP 분석

01 ㈜한국은 제품 X, Y를 생산하고 있으며 관련 자료는 다음과 같다.

	제품 X	제품 Y
단위당 판매가격	₩110	₩550
단위당 변동원가	₩100	₩500
총 고정원가	₩180,000	

㈜한국은 제품 X, Y를 하나의 묶음으로 판매하고 있으며, 한 묶음은 X제품 4개, Y제품 1개로 구성된다. 손익분기점에서 각 제품의 판매량은? 2016. 지방직 9급

	제품 X	제품 Y
①	1,000개	1,000개
②	2,000개	2,000개
③	2,000개	8,000개
④	8,000개	2,000개

● 해설

	X(4)	Y(1)
단위당 공헌이익	110 − 100 = 10	550 − 500 = 50
Set당 공헌이익	10 × 4 + 50 × 1 = 90	
손익분기점 Set 판매량	180,000/90 = 2,000 Set	
제품별 판매량	2,000 Set × 4 = **8,000개**	2,000 Set × 1 = **2,000개**

참고로, X제품 4개당 Y제품 1개의 비율을 유지하고 있는 선지가 ④번밖에 없었다. 따라서 계산하지 않고 선지만 보고도 답을 고를 수 있었다.

답 ④

02 (주)한국은 제품 A와 B를 생산하여 제품 A 3단위와 제품 B 2단위를 하나의 묶음으로 판매하고 있다.

○제품별 단위당 판매가격 및 변동원가

구분	제품 A	B
단위당 판매가격	₩500	₩800
단위당 변동원가	₩300	₩700

○고정제조간접원가 ₩600,000
○고정판매비와관리비 ₩360,000

손익분기점에서 제품 A와 B의 판매량은?

2022. 지방직 9급

	제품 A	제품 B
①	2,400단위	2,400단위
②	2,400단위	3,600단위
③	3,600단위	2,400단위
④	3,600단위	3,600단위

● 해설

	A (3)	B (2)
단위당 공헌이익	500 − 300 = 200	800 − 700 = 100
Set당 공헌이익	200 × 3 + 100 × 2 = 800	
손익분기점 Set 수	960,000/800 = 1,200 Set	
제품별 판매량	1,200 × 3 = **3,600단위**	1,200 × 2 = **2,400단위**

A 3단위, B 2단위를 묶음으로 판매하고 있기 때문에 판매량 비율은 3:2가 되어야 한다. 3:2의 판매량 비율을 충족하는 선지는 ③번밖에 없으므로 계산하지 않고도 답을 고를 수 있다.

답 ③

03 ㈜세무는 제품A와 제품B를 생산, 판매한다. 각 제품의 단위당 판매가격은 제품A는 ₩200, 제품B는 ₩150이며, 공헌이익률은 제품A는 40%, 제품B는 50%이다. 제품A와 제품B의 매출수량배합은 1:2로 일정하고, 당기 총고정원가는 ₩20,000이다. 당기 이익 ₩3,000을 얻기 위한 제품B의 판매량은?

2019. 세무사 수정

① 100개   ② 150개
③ 200개   ④ 250개

● 해설

	A(1)	B(2)
단위당 공헌이익	200 × 40% = 80	150 × 50% = 75
Set당 공헌이익	80 × 1 + 75 × 2 = 230	
목표이익 Set 판매량	(20,000 + 3,000)/230 = 100 Set	
제품별 판매량	100 Set × 1 = 100개	100 Set × 2 = **200개**

답 ③

COST ACCOUNTING

김용재 코어 공무원 회계학 원가관리회계

이 장의 출제 뽀인트!

① 고저점법
고저점법은 다른 장에 비해 출제가 자주되는 장은 아니지만, 내용이 쉽고,
간단하므로 고저점법 풀이법은 반드시 기억하자.

고저점법

[1] 고저점법

고저점법

1 고저점법

고저점법은 원가추정의 방법으로, 원가추정에는 계정분석법, 회귀분석법 등 여러 가지 방법이 있지만, 공무원 회계학에서는 고저점법만 출제되므로 고저점법만 다룰 것이다.

고저점법은 원가함수가 직선이라고 가정하고, 최고조업도와 최저조업도의 원가를 직선으로 연결하여 원가함수를 추정하는 방법이다. 고저점법으로 추정한 원가함수는 다음의 형태를 띤다.

$$y = aX + b \text{ (a: 단위당 변동원가, b: 고정원가)}$$

고저점법 풀이 순서는 다음과 같다.

STEP 1 단위당 변동원가 구하기

단위당 변동원가 = (최고조업도의 원가 – 최저조업도의 원가) ÷ (최고조업도 – 최저조업도)

'조업도'는 일반적으로 생산량을 의미하나, 직접노무시간, 기계작업시간 등 투입시간이 될 수도 있다. 문제에서 제시한 자료 중 원가가 아닌 나머지 자료가 조업도라고 생각하면 된다.

STEP 2 고정원가 구하기

최고조업도와 최저조업도 중 계산이 편한 조업도를 하나 골라 'y = aX + b' 식에 대입하여 b를 구한다.

STEP 3 문제에서 제시한 조업도의 원가 구하기

일반적으로는 고정원가와 단위당 변동원가를 묻기 때문에 Step 2에서 문제가 끝나지만, 새로운 조업도일 때 원가를 묻는 문제가 있다. 이 경우에는 Step 2에서 구한 원가함수에 새로운 조업도를 대입하여 원가를 구해야 한다.

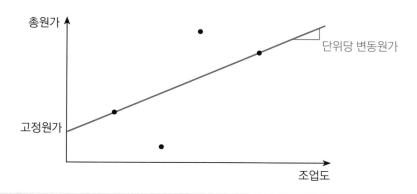

※주의 **고저점법은 원가가 아닌 조업도의 최고, 최저점을 이용하는 것임!**

고저점법과 관련하여 가장 많이 헷갈리는 것이, '최고점, 최저점을 이용한다는 것'은 기억하는데, '무엇'의 최고점과 최저점을 이용하는 것인지 기억하지 못한다는 것이다. 고저점법은 최고원가와 최저원가를 이용하여 원가함수를 추정하는 것이 아니다. **최고조업도와 최저조업도의 원가를 이용해야 한다.**

위 그림을 보면, '÷' (나누기) 기호와 비슷하게 생겼다. 실전에서 헷갈린다면 나누기 기호를 떠올리자. 조업도의 최고, 최저점을 연결해서 원가함수를 추정하고 있다.

05

예제 고저점법 – 원가함수의 추정

01 ㈜글로벌은 볼펜을 생산하고 있다. 지난 1년간의 생산 및 원가 자료를 이용하여 원가행태를 추정하려고 한다. 다음 자료를 기초로 고저점법(High – low method)을 이용하여 원가를 추정한 결과를 바르게 나타낸 것은?

2010. 국가직 9급

월	생산량	원가(₩)	월	생산량	원가(₩)
1	100	15,100	7	160	20,500
2	120	16,300	8	130	18,100
3	150	18,700	9	120	17,900
4	110	14,940	10	110	16,000
5	130	17,500	11	170	20,700
6	120	16,900	12	140	19,100

	고정원가	단위당 변동원가
①	₩80	₩7,100
②	₩7,100	₩80
③	₩96	₩4,380
④	₩4,380	₩96

● 해설

Step 1. 단위당 변동원가 구하기
　　　　단위당 변동원가 = (20,700 – 15,100)/(170 – 100) = 80
Step 2. 고정원가 구하기
　　　　'y = 80X + b'에 X = 100, y = 15,100 대입
　　　　b = 7,100

답 ②

예제 | 고저점법 - 원가 추정

02 다음은 20X1년 ㈜한국의 기계가동시간과 제조간접원가에 대한 분기별 자료이다.

분기	기계가동시간	제조간접원가
1	5,000시간	₩256,000
2	4,000시간	₩225,000
3	6,500시간	₩285,000
4	6,000시간	₩258,000

㈜한국은 고저점법을 이용하여 원가를 추정하며, 제조간접원가의 원가동인은 기계가동시간이다. 20X2년 1분기 기계가동시간이 5,500시간으로 예상될 경우, 제조간접원가 추정 금액은?

2022. 국가직 9급

① ₩252,000 ② ₩258,500

③ ₩261,000 ④ ₩265,000

● 해설

Step 1. 기계가동시간 1시간당 변동제조간접원가: (285,000 - 225,000)/(6,500 - 4,000) = 24
 - 기계가동시간이 가장 짧았던 2분기와 가장 길었던 3분기를 이용하여 단위당 변동원가를 추정하였다.

Step 2. 고정제조간접원가
 'y = 24X + b'에 X = 4,000, y = 225,000 대입
 → b = 129,000

Step 3. 새로운 조업도의 원가
 'y = 24X + 129,000'에 X = 5,500 대입
 : 24 × 5,500 + 129,000 = 261,000

빠른 계산법〉
제조간접원가 추정 금액 = 285,000 - 1,000 × 24 = 261,000
기계가동시간이 6,500시간일 때 제조간접원가가 285,000이므로, 기계가동시간이 5,500시간일 때 제조간접원가는 1,000시간에 해당하는 변동제조간접원가만큼 적을 것이다. 시간당 변동제조간접원가가 24이므로 285,000에서 24,000을 차감하면 된다.

目 ③

03 ㈜한국의 최근 2년간 생산량과 총제품제조원가는 다음과 같다. 2년간 고정원가와 단위당 변동원가는 변화가 없었다. 2013년도에 고정원가는 10% 증가하고 단위당 변동원가가 20% 감소하면, 생산량이 500개일 때 총제품제조원가는? 2014. 국가직 9급

연도	생산량	총제품제조원가
2011	100개	₩30,000
2012	300개	₩60,000

① ₩76,500　　　　　　　　　② ₩75,500
③ ₩94,500　　　　　　　　　④ ₩70,000

● 해설

- 단위당 변동원가: (60,000 − 30,000)/(300개 − 100개) = 150
- 기존 원가함수: $y = 150x + 15,000$
- 새로운 원가함수: $y = 120x + 16,500$
  - 새로운 단위당 변동원가: 150 × 0.8 = 120
  - 새로운 고정원가: 15,000 × 1.1 = 16,500
- 500개 생산 시 총제품제조원가: 120 × 500개 + 16,500 = **76,500**

답 ①

04 ㈜한국은 단일제품을 생산·판매하고 있으며 제품 1단위를 생산하는 데 11시간의 직접노무시간을 사용하고 있고, 제품 단위당 변동판매관리비는 ₩25이다. ㈜한국의 총제조원가에 대한 원가동인은 직접노무시간이고, 고저점법에 의하여 원가를 추정하고 있다. 제품의 총제조원가와 직접노무시간에 대한 자료는 다음과 같다.

구분	총제조원가	직접노무시간
1월	₩14,000	120시간
2월	₩17,000	100시간
3월	₩20,000	135시간
4월	₩19,000	150시간

㈜한국이 5월에 30단위의 제품을 단위당 ₩500에 판매한다면 총공헌이익은? 2020. 국가직 7급

① ₩850

② ₩1,050

③ ₩1,250

④ ₩1,450

● **해설**

(1) 직접노무시간 당 변동제조원가: (19,000 − 17,000)/(150시간 − 100시간) = 40
 - 직접노무시간이 가장 짧았던 2월과 가장 길었던 4월을 이용하여 단위당 변동원가를 추정하였다.
 - 총제조원가에 대한 원가동인은 직접노무시간이므로 40은 '직접노무시간 당' 변동제조원가이다.

(2) 30단위 판매 시 공헌이익: (500 − 40 × 11시간 − 25) × 30단위 = **1,050**
 이 문제는 고저점법에 의하여 '총제조원가'를 추정하는 문제였다. 시간당 40씩 계산한 것은 변동'제조원가'이고, 여기에 제품 단위당 변동'판매관리비'까지 차감해야 공헌이익을 구할 수 있다. 1단위 생산하는데 11시간의 직접노무시간을 사용하므로 1단위당 변동제조원가는 440이고, 변동판관비 25를 차감한 뒤, 30단위를 곱하면 공헌이익을 계산할 수 있다. 꽤 까다로운 문제였다.

본 문제에서 '총공헌이익'을 물었기 때문에 고정원가는 구할 필요가 없었다.
참고로, 'y = 40X + b'에 X = 100, y = 17,000 대입하면 b = 13,000이다.

🏷 ②

05

예제 | 고저점법 - 말문제

05 원가 계산방법과 분석기법에 대한 설명으로 옳은 것은?　　　　　2017. 국가직 9급

① 고저점법은 원가를 기준으로 최저점과 최고점에 해당하는 과거의 자료를 이용하여 혼합원가 추정식을 구하는 방법이다.

② 변동원가계산과 비교하여 전부원가계산은 회계기간 말에 불필요한 생산을 늘려 이익을 증가 시키려는 유인을 방지할 수 있다.

③ 단위당 판매가와 총고정원가가 일정할 경우 단위당 변동원가가 커지면 손익분기점은 높아 진다.

④ 차이분석에서 유리한 차이는 실제원가가 예산보다 낮은 경우이므로 추가적인 관리를 할 필요가 전혀 없다.

● 해설

① 고저점법은 원가 기준이 아닌 **조업도**를 기준으로 최고점과 최저점을 이용하는 방법이다. (X)

② 전부원가계산은 변동원가계산에 비해 과다 생산 유인이 있다. (X)

③ 단위당 변동원가가 커지면 단위당 공헌이익이 작아져 손익분기점은 높아진다. (O)

④ 유리한 차이도 추가적인 관리의 대상이다. 예산이 잘못 책정되어 있을 수 있고, 예상치 못한 변수가 발 생하여 차이가 발생했을 수 있다. (X)

답 ③

Memo

COST ACCOUNTING

김용재 코어 공무원 회계학 원가관리회계

이 장의 출제 뽀인트!

① 완성품 환산량 ★중요!
② 완성품 원가와 기말재공품 원가
③ 선입선출법과 평균법의 비교 말문제

종합원가는 거의 매년 1문제씩 출제되는 아주 중요한 주제이다. 종합원가는 다소 많은 과정을 거쳐야 하지만, 응용 없이 정형화된 패턴대로 나오기 때문에 많은 연습을 통해 패턴만 숙달하면 쉽고 빠르게 풀 수 있는 주제이다.

종합원가

1   종합원가

1. 종합원가계산

종합원가계산이란 정유업과 같이 동종 제품을 대량으로 생산하는 업종에서 사용하는 원가계산방법이다. 동종 제품을 대량으로 생산하기에, 종합원가계산은 발생한 원가를 생산량으로 나눈 단위당 원가를 활용한다.

2. 완성도

종합원가계산에서는 각 재공품을 완성도로 표시한다. 완성도란 재공품이 완성된 정도를 뜻한다. 완성도는 0~1 사이의 값을 가지며, 미완인 경우 0(0%), 완성된 제품인 경우 1(100%)로 표시한다.

3. 완성품환산량 = 수량 × 완성도

재공품은 생산이 완료되지 않은 재고로, 완성도가 100%가 아니다. 각 재공품별로 완성도가 다르기 때문에 원가계산을 위해서는 통일된 기준이 필요하다. 그래서 종합원가에서는 완성품 환산량(완환량)이라는 개념을 이용한다. 완성품환산량은 해당 재공품에 투입된 원가로 몇 개의 완성품을 만들 수 있었을지 나타내는 수량이다. 완성품환산량은 수량에 완성도를 곱하여 계산한다. 가령, 기말재공품이 100개인데, 완성도가 50%라면 완성품 환산량은 50개(= 100 × 50%)로 계산된다.

4. 평균법과 선입선출법

평균법은 재무회계에서 배웠듯이 기초 재고자산과 당기 매입 재고자산의 원가를 전부 평균하여 매출원가와 기말 재고자산에 배부하는 방법이다.

선입선출법(FIFO)은 먼저 보유한 자산은 먼저 팔렸다는 가정하에 기초 재고자산을 매출원가에 전부 포함시키고, 당기 매입분을 매출원가와 기말 재고자산에 안분하는 방법이다.

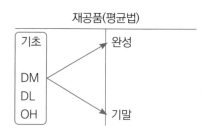

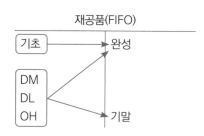

원가회계에서도 마찬가지이다. 평균법은 기초 재공품원가와 당기총제조원가(DM, DL, OH)의 합을 전체로 평균하여 완성품과 기말 재공품으로 안분하는 방법이다.

반면, 선입선출법은 기초 재공품을 전액 완성품으로 배부하고, 당기총제조원가를 완성품과 기말 재공품으로 안분하는 방법이다. 평균법을 적용하는 경우와 선입선출법을 적용하는 경우 종합원가 계산 풀이방법에 다소 차이가 있다.

2 종합원가 풀이법

Step 1. 재공품 T계정 그리기
Step 2. T계정에 완성도 표시하기
Step 3. 완성품 환산량 구하기
Step 4. 완환량 단위당 원가 구하기
Step 5. 완성품 원가 및 기말 재공품 원가 구하기

종합원가는 크게 5가지의 과정이 있지만, 과정이 너무 길기 때문에 처음부터 끝까지 모든 과정을 해야 하는 문제보다는, 과정 중 일부만 묻는 문제 위주로 출제된다. 주로 처음 자료를 주고 완성품 환산량을 묻거나, 중간 자료를 주고 완성품 원가 및 기말 재공품 원가를 묻는 형태로 출제된다. 공부할 때에는 각 단계를 개별적으로 공부할 필요 없이, 하나의 큰 구조로 보면 된다. 문제를 이용하여 설명하겠다.

예제 **종합원가 풀이법**

01 ㈜한국은 제조원가 계산 시에 기말재공품 평가는 선입선출법을 적용하고 있다. 그리고 생산 과정에서 재료는 제조 착수 시점에 전량 투입되고, 가공비는 공정진행에 따라 평균적으로 발생한다. 다음의 원가자료를 이용하여 당기제품제조원가와 기말 재공품 원가를 계산하시오.

2010. 국가직 9급

	재료원가	가공원가	수량
기초재공품원가 및 수량	₩12,800	₩3,800	80개(완성도50%)
당기제조원가	16,000	27,000	
기말재공품 수량			40개(완성도50%)
완성품수량			200개

STEP **1** **재공품 T계정 그리기: 기초+착수=완성+기말**

재공품(FIFO)				재공품(평균법)			
기초	80	완성	200	기초	80	완성	200
			80				
			120				
착수	160	기말	40	착수	160	기말	40

종합원가계산은 FIFO인지, 평균법인지에 따라 풀이법이 달라진다. 원가흐름의 가정을 놓치는 실수를 줄이기 위해, T 위에 재공품을 쓴 뒤 괄호 열고 원가흐름의 가정을 쓰자. 이런 사소한 습관 하나가 당락을 가를 수도 있다.

이제 수량을 적어야 하는데, 문제에서 완성품이나 기말 재공품 수량을 제시하지 않을 수도 있다. 이 경우 '기초 + 착수 = 완성 + 기말'을 이용하여 T계정을 채운다.

완성품을 적는 방법은 원가흐름의 가정에 따라 달라진다. 평균법이면 완성품 수량을 그냥 적는다. 하지만 선입선출법이면 완성품 중 기초 재공품이 완성된 부분과, 당기에 투입해서 완성된 부분을 구분하여 표시한다. 본 문제의 경우 기초 재공품이 80개이므로 완성품을 80개와 120개로 구분하여 표시한다.

STEP **2** **T계정에 완성도 표시하기**

재공품과 완성품의 완성도를 물량 옆에 괄호 안에 표시한다. 괄호 두 개 중 앞에 있는 숫자가 재료원가 완성도, 뒤에 있는 숫자가 가공원가 완성도를 뜻한다. 문제에서 제시한 원가 투입 방법을 보고 재료원가와 가공원가의 완성도를 파악해야 한다.

(1) 재공품의 완성도 표시하기

재공품(FIFO)				재공품(평균법)			
기초	80 (1)(0.5)	완성	200	기초	80 (1)(0.5)	완성	200
			80				
			120				
착수		기말	40 (1)(0.5)	착수		기말	40 (1)(0.5)

대부분의 문제는 다음의 두 가지 중 하나로 원가 투입 방법을 제시한다.

① "재료원가는 공정 초기에 투입되고, 가공원가는 전 공정을 통해 균등하게 투입"

: 재료원가 완성도 = 1, 가공원가 완성도 = 재공품 완성도

재료원가가 공정 초기에 투입되면 재료원가의 완성도는 1이다. 가공원가는 전 공정을 통해 균등하게 투입되면 문제에서 제시한 재공품의 완성도가 가공원가 완성도가 된다.

② "모든 원가는 전 공정을 통해 균등하게 투입"

: 모든 원가 완성도 = 재공품 완성도

모든 원가가 전 공정을 통해 균등하게 투입되면 문제에서 제시한 재공품의 완성도가 모든 원가의 완성도가 된다. 이 경우에는 재료원가와 가공원가의 완성도가 일치하기 때문에, 재료원가와 가공원가로 구분할 필요 없이 완성도를 하나만 쓰자.

위 두 문장 이외의 방법으로 원가 투입 방법을 제시한다면 문제 조건에 맞추어 원가별 완성도를 구해야 한다.

(2) 완성품의 완성도 표시하기

재공품(FIFO)				재공품(평균법)			
기초 80	(1)(0.5)	완성	200	기초	80 (1)(0.5)	완성	200 (1)(1)
			80 (0)(0.5)				
			120 (1)(1)				
착수		기말	40 (1)(0.5)	착수		기말	40 (1)(0.5)

① 선입선출법: 기초 재공품이 완성된 부분은 '1 - 기초 재공품 완성도'

기초 재공품이 완성된 부분은 전기에 투입한 원가가 있으므로 1에서 기초 재공품의 완성도를 차감한 부분이 완성도가 된다. 당기에 착수해서 당기에 완성한 120개는 당기에만 원가를 투입했으므로 완성도가 1이다.

② 평균법: 완성품의 완성도 = 1

평균법 적용 시에는 기초 재공품의 원가도 당기에 투입한 원가와 구분하지 않으므로, 완성품의 완성도는 전부 1로 표시한다.

STEP 3 완성품 환산량 구하기 ★중요!

완성품 환산량 = 수량 × 완성도

	재공품(FIFO)			완성품환산량	
				재료원가	가공원가
기초	80 (1)(0.5)	완성	200		
			80 (0)(0.5)	–	40
			120 (1)(1)	120	120
착수		기말	40 (1)(0.5)	40	20
				160	180

	재공품(평균법)			완성품환산량	
				재료원가	가공원가
기초	80 (1)(0.5)	완성	200 (1)(1)	200	200
착수		기말	40 (1)(0.5)	40	20
				240	220

재공품 T계정의 대변에 있는 수량에 완성도를 곱해서 완성품환산량을 구한다. 완성도를 '재료원 가 – 가공원가' 순으로 기록하였으므로, 완성품환산량도 동일한 순서로 기재한다. 종합원가 문제 풀이 순서가 길기 때문에 일부 과정만 출제하는데, 종합원가 문제에서 가장 많이 물어보는 것이 완 성품 환산량이다. 완성품환산량 계산 방법은 반드시 잘 숙지하자.

- FIFO: 당기제조원가÷완성품환산량
- 평균법: (기초 재공품원가 + 당기제조원가)÷완성품환산량

Step 3까지 표를 그려서 완성품환산량을 구한 뒤, 제조원가를 완성품환산량으로 나누면 완환량 단위당 원가를 구할 수 있다. 이때 FIFO는 분자에 당기제조원가만 있지만, 평균법의 경우 기초 재공품원가도 분자에 포함된다는 점을 주의하자.

	재공품(FIFO)			완성품환산량	
---	---	---	---	재료원가	가공원가
기초	80 (1)(0.5)	완성	200		
			80 (0)(0.5)	–	40
			120 (1)(1)	120	120
착수		기말	40 (1)(0.5)	40	20
				160	180
				@100	@150

완환량 단위당 원가(FIFO)
 - 재료원가: 16,000÷160 = 100
 - 가공원가: 27,000÷180 = 150

	재공품(평균법)			완성품환산량	
---	---	---	---	재료원가	가공원가
기초 80	(1)(0.5)	완성	200 (1)(1)	200	200
착수		기말	40 (1)(0.5)	40	20
				240	220
				@120	@140

완환량 단위당 원가(평균법)
 - 재료원가: (12,800 + 16,000)÷240 = 120
 - 가공원가: (3,800 + 27,000)÷220 = 140

(1) 완성품 원가
- FIFO: 재료원가와 가공원가의 단위당 원가 × 완환량 + 기초 재공품원가
- 평균법: 재료원가와 가공원가의 단위당 원가 × 완환량

(2) 기말 재공품 원가
= 재료원가의 단위당 원가 × 기말 재공품의 재료원가 완환량
+ 가공원가의 단위당 원가 × 기말 재공품의 가공원가 완환량

	FIFO	평균법
완성품원가	16,600(기초) + 120 × @100 + 160 × @150 = 52,600	200 × @120 + 200 × @140 = 52,000
기말재공품원가	40 × @100 + 20 × @150 = 7,000	40 × @120 + 20 × @140 = 7,600
계	59,600	59,600

완성품 원가란 말 그대로 당기 중에 완성된 제품의 원가를 의미한다. 앞서 배웠던 '당기제품제조원가'를 종합원가에서는 완성품 원가로 부른다.

선입선출법은 기초 재공품 원가를 당기 제조원가와 같이 평균하지 않고, 전부 완성품 원가에 배부한다. 따라서 완환량 단위당 원가 계산 시 기초 재공품 원가가 포함되지 않고, 완성품 원가에 전부 포함시킨다. 반면 평균법은 기초 재공품 원가를 당기 제조원가와 같이 평균하여, 완성품과 기말 재공품에 배부한다. 따라서 완환량 단위당 원가 계산 시 기초 재공품 원가가 포함되어 있고, 완성품 원가 계산 시에는 기초 재공품 원가를 별도로 가산하지 않는다.

※주의 FIFO 적용 시 완성품원가: 기초 재공품 원가 포함!

수험생 때의 김수석을 포함해서, 많은 수험생들이 FIFO 적용 시 완성품원가 계산을 하면서 자주 실수를 한다. 평균법과 달리 FIFO는 단위당 원가에 완환량을 곱한 뒤, 기초 재공품 원가를 가산해주어야 한다. 기초 재공품 원가를 빼먹지 않도록 주의하자.

 선입선출법과 평균법의 기초 재공품 원가 처리 방법

	기초 재공품 원가 배부	기초 재공품 원가 처리 방법
FIFO	완성품에만 배부	바로 완성품 원가에 가산
평균법	완성품과 기말 재공품에 배부	완환량 단위당 원가에 가산 → 완성품과 기말 재공품에 배부

예제   완환량 단위당 원가

01 다음 중 가중평균법에 의한 종합원가계산에서 완성품환산량 단위당 원가는 어느 원가를 사용하는가?
2015. 서울시 9급

① 당기투입원가   ② 당기투입원가 + 기초재공품원가

③ 당기투입원가 + 기말재공품원가   ④ 당기투입원가 − 기초재공품원가

답 ②

06

 종합원가계산 시 선입선출법과 평균법의 비교 ★중요!

	선입선출법	평균법
재공품 T계정 그리기	기초 + 착수 = 완성 + 기말	
T계정에 완성도 표시하기	기초 재공품이 완성된 부분은 '1 − 기초 재공품 완성도'	완성품의 완성도 = 1
완성품 환산량 ★중요!	완성품 환산량 = 수량 × 완성도	
완환량 단위당 원가	당기제조원가	(기초 재공품원가 + 당기제조원가)
	완성품환산량	완성품환산량
완성품 원가	재료, 가공원가 단위당 원가 × 완환량 + 기초 재공품원가	재료, 가공원가 단위당 원가 × 완환량
기말 재공품 원가	재료원가의 단위당 원가 × 기말 재공품의 재료원가 완환량 + 가공원가의 단위당 원가 × 기말 재공품의 가공원가 완환량	

FIFO - 완성품환산량

01 ㈜한국은 선입선출법을 이용하여 종합원가계산을 실시한다. 다음 자료에 의한 재료원가와 가공원가의 완성품환산량은? (단, 재료는 공정 개시시점에서 전량 투입되고 가공원가는 공정 전체를 통해 균등하게 발생한다)

2013. 국가직 9급

• 기초재공품수량	300개(완성도 30%)
• 당기착수량	3,500개
• 당기완성량	3,300개
• 기말재공품수량	500개(완성도 40%)

	재료원가 완성품환산량(개)	가공원가 완성품환산량(개)
①	3,510	3,300
②	3,600	3,200
③	3,800	3,010
④	3,500	3,410

해설

	재공품(FIFO)			완성품환산량	
				재료원가	가공원가
기초	300 (1)(0.3)	완성	3,300		
			300 (0)(0.7)	–	210
			3,000 (1)(1)	3,000	3,000
착수	3,500	기말	500 (1)(0.4)	500	200
				3,500	3,410

답 ④

예제 | **FIFO - 완성품원가**

02 ㈜한국은 종합원가계산을 적용하고 있으며, 물량흐름과 원가관련정보는 다음과 같다.

- 직접재료는 공정 초기에 전량 투입되며, 가공원가는 공정 전반에 걸쳐 균등하게 발생한다.
- 기초재공품 : 1,000단위(가공원가 완성도 50%)
  당기착수량 : 4,000단위, 당기완성품 : 3,000단위
- 기말재공품 가공원가 완성도 50%
- 제조원가 내역

구분	직접재료원가	가공원가
기초재공품원가	₩4,000	₩14,000
당기발생원가	₩20,000	₩21,000

(주)한국의 선입선출법에 의한 완성품 원가는? (단, 공손 및 감손은 없다)   2022. 국가직 9급

① ₩16,000   ② ₩18,350

③ ₩40,650   ④ ₩43,000

● 해설 ●

	재공품(FIFO)			완성품환산량 재료원가	완성품환산량 가공원가
기초	1,000 (1)(0.5)	완성	3,000		
			1,000 (0)(0.5)	–	500
			2,000 (1)(1)	2,000	2,000
착수	4,000	기말	2,000 (1)(0.5)	2,000	1,000
				4,000	3,500
				@5	@6

완성품환산량 단위당 원가
- 직접재료원가: 20,000/4,000 = @5
- 가공원가: 21,000/3,500 = @6

완성품 원가: 5 × 2,000 + 6 × (500 + 2,000) + (4,000 + 14,000) = **43,000**
- 선입선출법을 적용하고 있으므로 기초 재공품원가 18,000(= 4,000 + 14,000)은 완환량 단위당 원가
  를 계산할 때에는 반영되지 않고, 완성품 원가에 직접 가산한다.

답 ④

03 ㈜대한전자의 5월 중 제조활동에 투입된 생산자료와 원가자료는 다음과 같다.

> • 기초재공품: 수량 100개(완성도: 50%),   가공원가: ₩2,000
> • 당기투입 : 수량 340개,   가공원가: ₩17,500
> • 당기완성품: 수량 390개
> • 기말재공품: 수량 50개(완성도: 20%)

재료는 공정초기에 전량 투입되었으며, 가공원가는 전공정에 걸쳐 평균적으로 발생한다.
선입선출법을 적용할 때, 완성품의 가공원가는?

2012. 지방직 9급

① ₩17,000   ② ₩17,500
③ ₩19,000   ④ ₩19,500

● 해설

	재공품(FIFO)			완성품환산량	
				재료원가	가공원가
기초	100 (1)(0.5)	완성	390		
			100 (0)(0.5)	–	50
			290 (1)(1)	290	290
착수	340	기말	50 (1)(0.2)	50	10
				340	350
					@50

가공원가 완환량 단위당 원가: 17,500 ÷ 350 = @50
완성품의 가공원가: 2,000 + 340 × @50 = 19,000

답 ③

예제 **평균법 – 완성품환산량**

04 ㈜한국은 종합원가계산을 사용하고 있으며, 가중평균법을 적용하여 완성품환산량을 계산하고 있다. 회사의 기초제품 수량은 25,000개, 당기 판매량은 20,000개, 기말제품 수량은 15,000개이다. 기초재공품 수량은 1,000개(완성도 70%), 기말재공품 수량이 5,000개(완성도 50%)일 때, 회사의 당기 가공원가에 대한 완성품환산량은? (단, 가공원가는 공정 전반에 걸쳐 균등하게 발생한다)

2014. 지방직 9급

① 10,000개 ② 12,500개

③ 13,500개 ④ 15,000개

● **해설**

당기 제품 완성량: 20,000(판매량) + 15,000(기말 제품) − 25,000(기초 제품) = 10,000

재공품(평균법)				가공원가
기초	1,000 (0.7)	완성	①10,000 (1)	②10,000
착수		기말	5,000 (0.5)	2,500
				③12,500

답 ②

06

예제   **FIFO&평균법 - 완성품환산량**

05   ㈜한국은 종합원가계산방법을 적용하고 있으며, 원가 관련 자료는 다음과 같다. ㈜한국의 완성품환산량에 대한 설명으로 옳은 것은?

2016. 국가직 9급

> • 직접재료는 공정의 초기에 전량 투입되고, 전환원가는 공정의 진행에 따라 균일하게 발생된다.
> • 기초재공품의 완성도는 50%, 기말재공품의 완성도는 10%이다.
> • 기초재공품은 2,000개, 당기착수 13,000개, 기말재공품 3,000개이다.

① 평균법의 직접재료원가 완성품환산량은 13,000개이다.

② 평균법의 전환원가 완성품환산량은 10,300개이다.

③ 선입선출법의 직접재료원가 완성품환산량은 15,000개이다.

④ 선입선출법의 전환원가 완성품환산량은 11,300개이다.

● 해설

	재공품(평균법)			완성품환산량	
				재료원가	가공원가
기초	2,000 (1)(0.5)	완성	12,000 (1)(1)	12,000	12,000
착수	13,000	기말	3,000 (1)(0.1)	3,000	300
				①15,000	②12,300

	재공품(FIFO)			완성품환산량	
				재료원가	가공원가
기초	2,000 (1)(0.5)	완성	12,000		
			2,000 (0)(0.5)	–	1,000
			10,000 (1)(1)	10,000	10,000
착수	13,000	기말	3,000 (1)(0.1)	3,000	300
				③13,000	④11,300

目 ④

06 종합원가계산을 실시하는 ㈜대한은 원재료를 공정 개시시점에서 전량 투입하고, 가공비는 전공정을 통해 균일하게 발생한다. ㈜대한이 재공품의 평가방법으로 평균법과 선입선출법을 사용할 경우, 다음 자료를 이용하여 가공비의 당기 완성품환산량을 계산하면? 2011. 지방직 9급

- 기초 재공품수량 200개 (완성도: 40%)
- 착수량 3,500개
- 완성품수량 3,200개
- 기말 재공품수량 500개 (완성도: 50%)

	평균법	선입선출법
①	3,450개	3,330개
②	3,700개	3,450개
③	3,450개	3,370개
④	3,700개	3,750개

● 해설

완성품환산량

	재공품(평균법)			재료원가	가공원가
기초	200 (1)(0.4)	완성	3,200 (1)(1)	3,200	3,200
착수	3,500	기말	500 (1)(0.5)	500	250
				3,700	3,450

완성품환산량

	재공품(FIFO)			재료원가	가공원가
기초	200 (1)(0.4)	완성	3,200		
			200 (0)(0.6)	–	120
			3,000 (1)(1)	3,000	3,000
착수	3,500	기말	500 (1)(0.5)	500	250
				3,500	3,370

답 ③

예제 **평균법 - 완성품환산량** 심화

07 ㈜세무는 가중평균법에 의한 종합원가계산제도를 채택하고 있다. 직접재료는 공정 초기에 전량 투입되고, 전환원가는 공정 전반에 걸쳐 균등하게 발생한다. 20X1년 직접재료원가에 대한 총완성품환산량은 20,000단위, 전환원가에 대한 총완성품환산량은 18,000단위, 완성품 수량은 15,000단위이다. 20X1년 기말재공품의 전환원가 완성도는? 2018. 세무사 수정

① 50%   ② 60%
③ 70%   ④ 80%

● 해설

재공품 (평균법)				완성품환산량	
				재료원가	가공원가
기초	완성	15,000 (1) (1)		①15,000	①15,000
착수	기말	③5,000 (1)	④(0.6)	②5,000	②3,000
				20,000	18,000

직접재료는 공정 초기에 전량 투입하므로 기말 재공품의 재료원가 완성도는 1이며, 기말 재공품 수량은 5,000개이다.

• 기말 재공품 전환원가 완성도 = 3,000/5,000 = 60%

답 ②

예제   **평균법 - 기말재공품원가**

08   ㈜한국은 평균법에 의한 종합원가계산을 채택하고 있다. 기초재공품이 75,000단위이고 당기착수량이 225,000단위이다. 기말재공품이 50,000단위이며 직접재료는 전량 투입되었고, 가공원가 완성도는 70%이다. 기초재공품에 포함된 가공원가 ₩14,000이고 당기발생 가공원가가 ₩100,000인 경우 기말재공품에 배부되는 가공원가는? 2015. 지방직 9급 심화

① ₩12,000   ② ₩14,000

③ ₩18,000   ④ ₩20,000

● 해설

	재공품(평균법)			완성품환산량	
				재료원가	가공원가
기초	75,000	완성	250,000 (1)(1)	250,000	250,000
착수	225,000	기말	50,000 (1)(0.7)	50,000	35,000
				300,000	285,000
					@0.4

• 가공원가 완환량 단위당 원가: (14,000 + 100,000)/285,000 = 0.4
• 기말재공품에 배부되는 가공원가: 0.4 × 35,000 = 14,000

답 ②

예제 **평균법 - 완성품원가**

09 기초재공품의 가공원가는 ₩250,000, 당기 발생 가공원가는 ₩2,250,000, 당기 완성품의 가공원가는 ₩2,400,000이다. 기초재공품의 수량은 800단위, 당기 완성수량은 4,800단위일 때, 가중평균법을 적용하는 경우 기말 재공품의 가공원가 완성품 환산량은? (단, 공손은 발생하지 않는다고 가정한다)
2012. 국가직 9급

① 100단위   ② 150단위

③ 200단위   ④ 250단위

● 해설

				완성품환산량	
		재공품(평균법)		재료원가	가공원가
기초	800	완성	4,800 ( )(1)		4,800
착수		기말			③200
					②5,000
					①@500

① 가공원가 완환량 단위당 원가: 2,400,000/4,800 = @500
② 가공원가 완환량 계: (250,000 + 2,250,000)/500 = 5,000개

답 ③

10 ㈜한국은 가중평균법을 이용한 종합원가계산을 적용하고 있다. 모든 원가는 공정 전반에 걸쳐 균등하게 발생하고, 기초재공품원가는 ₩2,000, 당기에 투입된 직접재료원가와 가공원가의 합계는 ₩10,000이다. 생산 활동에 관한 자료가 다음과 같고, 완성품환산량 단위당 원가가 ₩30이라면 기말재공품의 완성도는?

2017. 지방직 9급

구분	수량	완성도
기말재공품	200개	?
완성품	300개	100%

① 30%   ② 35%   ③ 45%   ④ 50%

● 해설

	재공품(평균법)			완성품환산량
기초	완성	300 (1)		300
착수	기말	200 ③(0.5)		②100
				①400
				@30

• 완환량 단위당 원가 = (2,000 + 10,000)/완환량 = 30, 완환량 = 400
• 기말 재공품 완환량: 400 - 300 = 100
• 기말 재공품 완성도: 100/200 = 50%

답 ④

06

예제 **종합원가 말문제**

11 종합원가계산에 대한 설명으로 옳은 것은? 2013. 지방직 9급

① 평균법은 기초재공품의 제조가 당기 이전에 착수되었음에도 불구하고 당기에 착수된 것으로 가정한다.

② 선입선출법 또는 평균법을 사용할 수 있으며, 평균법이 실제 물량흐름에 보다 충실한 원가흐름이다.

③ 평균법은 기초재공품원가와 당기발생원가를 구분하지 않기 때문에 선입선출법보다 원가계산이 정확하다는 장점이 있다.

④ 선입선출법은 당기투입분을 우선적으로 가공하여 완성시킨 후 기초재공품을 완성한다고 가정한다.

> ● 해설
>
> ② 선입선출법이 실제 물량흐름에 보다 충실한 원가 흐름이다.
> ③ 평균법은 기초 재공품원가와 당기발생원가를 구분하지 않아, 원가계산이 부정확하다.
> ④ 선입선출법은 기초재공품을 우선적으로 가공하여 완성시킨 후, 당기투입분을 완성한다고 가정한다.
>
> 달 ①

12 ㈜한국은 단일의 생산공장에서 단일 제품을 생산하고 있다. 회계연도말에 원가를 계산하면서 기말재공품에 대한 완성도를 실제보다 30% 낮게 평가하여 계산하였다. 재공품 완성도의 오류가 결산재무제표에 미치는 영향으로 옳지 않은 것은? (단, 당기 생산 제품은 모두 판매되었고, 기말제품재고액은 없다) 2018. 지방직 9급 심화

① 영업이익의 과소계상

② 매출원가의 과소계상

③ 기말재공품의 과소계상

④ 이익잉여금의 과소계상

> ● 해설
>
> 기말재공품에 대한 완성도가 낮게 평가된다면 ③기말재공품은 과소계상, 완성품은 과대 계상된다. 기말 제품 재고 없이 제품이 전부 판매되었다면, ②매출원가는 과대계상되고, ①영업이익은 과소계상된다. 영업이익이 과소계상되므로 ④이익잉여금도 과소계상된다.
>
> 달 ②

3 평균법과 선입선출법의 완성품환산량 차이 〔심화〕

> 평균법 완성품환산량 − 선입선출법 완성품환산량 = 기초 재공품의 완성품환산량

평균법과 선입선출법의 완환량이 차이가 나는 이유는 선입선출법 적용 시에는 완성품 물량을 둘로 나누어, 기초 재공품이 완성된 물량은 완성도를 '1 − 기초 재공품의 완성도'로 표시하기 때문이다. 기초 재공품의 완성도를 차감해서 표시하기 때문에 기초 재공품의 완환량만큼 차이가 난다. 이 성질을 이용하여 두 가지 문제 유형을 풀 수 있다.

1. 평균법과 선입선출법의 완성품환산량이 일치할 조건: 기초 재공품 없음!

평균법과 선입선출법의 완성품환산량이 일치할 조건을 말문제로 묻는 경우가 있다. 두 방법 간의 완환량 차이는 기초 재공품의 완환량을 의미하므로, 기초 재공품이 존재하지 않는 것이 해당 문제의 답이다.

06

예제 | 평균법과 선입선출법의 완성품환산량 차이 말문제

01 종합원가계산에서 완성품환산량 산출시 선입선출법이나 평균법 어느 것을 적용하든지 완성품환산량의 단위당 원가가 동일한 경우는?

2013. 국가직 9급

① 기초재고가 전혀 없는 경우
② 표준원가계산 방법을 사용하는 경우
③ 기말재고가 전혀 없는 경우
④ 기초재고와 기말재고의 완성도가 50%로 동일한 경우

> **● 해설**
>
> 선입선출법과 평균법이 차이가 나는 것은 기초 재공품 때문이다.
>
> 답 ①

예제 | 평균법과 선입선출법의 완성품환산량 차이 - 계산문제

02 ㈜한국은 2010년 10월 1일 현재 완성도가 60%인 월초재공품 8,000개를 보유하고 있다. 직접재료원가는 공정 초기에 투입되고, 가공원가는 전 공정을 통해 균등하게 투입된다. 10월 중에 34,000개가 생산에 착수되었고, 36,000개가 완성되었다. 10월 말 현재 월말재공품은 완성도가 80%인 6,000개이다. 10월의 완성품환산량 단위당 원가를 계산할 때 가중평균법에 의한 완성품환산량이 선입선출법에 의한 완성품환산량보다 더 많은 개수는? 2010. 지방직 9급

	직접재료원가	가공원가		직접재료원가	가공원가
①	0개	3,200개	②	0개	4,800개
③	8,000개	3,200개	④	8,000개	4,800개

● 해설

평균법은 선입선출법에 비해 기초재공품의 완성품환산량만큼 더 많다.

	평균법		FIFO		기초 재공품 완성도
가공원가		−		=	8,000 × 60% = 4,800
재료원가		−		=	8,000 × 1 = 8,000

이 문제의 경우 평균법과 선입선출법에 의한 완환량을 제시하지 않은 대신 기초재공품의 수량과 완성도를 제시해주었으므로 기초재공품의 완환량을 바로 구할 수 있었다.

참고

	재공품(평균법)				완성품환산량	
					재료원가	가공원가
기초	8,000 (1)(0.6)	완성	36,000 (1)(1)		36,000	36,000
착수	34,000	기말	6,000 (1)(0.8)		6,000	4,800
					42,000	40,800

	재공품(FIFO)				완성품환산량	
					재료원가	가공원가
기초	8,000 (1)(0.6)	완성	36,000			
			8,000 (0)(0.4)		−	3,200
			28,000 (1)(1)		28,000	28,000
착수	34,000	기말	6,000 (1)(0.8)		6,000	4,800
					34,000	36,000

완성품환산량 차이
- 재료원가: 42,000 − 34,000 = 8,000
- 가공원가: 40,800 − 36,000 = 4,800

답 ④

2. 평균법과 선입선출법의 완성품환산량을 제시하고 기초 재공품의 완성도를 묻는 문제

> • 기초 재공품 완성도 = $\dfrac{\text{기초 재공품 가공원가 완환량}}{\text{기초 재공품 재료원가 완환량}}$
>
> $= \dfrac{\text{평균법 가공원가 완환량} - \text{FIFO 가공원가 완환량}}{\text{평균법 재료원가 완환량} - \text{FIFO 재료원가 완환량}}$

평균법 적용 시의 완환량과 선입선출법 적용 시의 완환량을 제시하고, 기초 재공품의 완성도를 묻는 문제가 종종 출제된다. 문제에서 '재료원가는 공정 초기에 전부 투입되고, 가공원가는 공정 전반에 걸쳐 투입된다'고 가정하면, 기초 재공품 완성도는 위와 같이 계산할 수 있다.

기초 재공품의 재료원가 완성도는 1이고, 가공원가 완성도는 재공품의 완성도와 일치하므로 기초 재공품의 가공원가 완환량에서 재료원가 완환량을 나누면 완성도를 구할 수 있다. 평균법과 FIFO의 완환량 차이가 기초 재공품의 완환량이므로, 결과적으로 두 번째 식으로 기초 재공품 완성도를 구할 수 있다. 문제가 나오면 다음과 같이 풀자.

	평균법		FIFO		기초 재공품 완성도
가공원가	XXX	−	XXX	=	XXX
재료원가	XXX	−	XXX	=	XXX

06

예제 **평균법과 선입선출법의 완성품환산량 차이 - 기초 재공품의 완성도**

03 ㈜세무는 단일 제품을 생산하고 있으며, 종합원가계산제도를 채택하고 있다. 재료는 공정이 시작되는 시점에서 전량 투입되며, 전환원가는 공정 전체에 걸쳐 균등하게 발생한다. 재료원가의 경우 평균법에 의한 완성품환산량은 87,000단위이고 선입선출법에 의한 완성품환산량은 47,000단위이다. 또한 전환원가의 경우 평균법에 의한 완성품환산량은 35,000단위이고 선입선출법에 의한 완성품환산량은 25,000단위이다. 기초재공품의 전환원가 완성도는?

2019. 세무사

① 10% ② 20% ③ 25%
④ 75% ⑤ 80%

● **해설**

	평균법		FIFO		기초 재공품 완성도
가공원가	35,000	–	25,000	=	10,000
재료원가	87,000	–	47,000	=	40,000

기초 재공품의 전환원가 완성도: 10,000/40,000 = 25%

답 ③

04 ㈜한국은 종합원가계산제도를 채택하고 있으며, 원재료는 공정의 초기에 전량 투입되며, 가공원가는 공정 전반에 걸쳐서 완성도에 따라 균등하게 발생한다. 재료원가의 경우 평균법에 의한 완성품환산량은 78,000단위이고, 선입선출법에 의한 완성품환산량은 66,000단위이다. 또한 가공원가의 경우 평균법에 의한 완성품환산량은 54,400단위이고, 선입선출법에 의한 완성품환산량은 52,000단위이다. 기초재공품의 완성도는 몇 %인가?

2005. 회계사

① 10% ② 20% ③ 30%
④ 50% ⑤ 70%

● **해설**

	평균법		FIFO		기초 재공품 완성도
가공원가	54,400	–	52,000	=	2,400
재료원가	78,000	–	66,000	=	12,000

기초 재공품의 전환원가 완성도: 2,400/12,000 = 20%

답 ②

4 공손

공손품이란 검사를 통과하지 못한 불합격품을 의미한다. 쉽게 말해 불량품이라고 이해하면 된다. 이러한 공손품이 발생하는 것을 공손이라고 한다. 과거에는 공손이 9급에는 출제되지 않았지만, 20년, 21년 2년 연속으로 출제되었으므로 이제는 9급 수험생들도 공손을 잘 대비해야 한다. 공손에서는 정상공손수량을 계산하는 것 위주로 출제되었다.

1. 정상공손과 비정상공손

(1) 정상공손: 정상적인 생산조건 하에서도 어쩔 수 없이 발생하는 공손

(2) 비정상공손: 정상적인 생산조건 하에서는 발생하지 말았어야 하는 공손

2. 정상공손수량 계산 방법

②비정상공손수량 = 전체 공손수량 − ①정상공손수량

공무원 회계학에서는 공손 문제에서 대부분 비정상공손수량을 묻는다. 비정상공손수량을 구하기 위해서는 정상공손수량을 먼저 계산한 뒤, 전체 공손수량에서 정상공손수량을 차감한다. 정상공손수량 계산 방법에는 여러 방법이 있지만 대부분 검사시점 통과기준으로 출제되므로 검사시점 통과기준만 설명한다.

(1) 검사시점 통과기준

정상공손수량 = 당기 중 검사를 통과한 물량 × 정상공손허용률

검사시점 통과기준은 당기 중 검사를 통과한 물량의 일정 비율을 정상공손수량으로 보는 기준이다. 검사시점 통과기준을 적용하기 위해서는 물량을 셋으로 구분해야 한다.

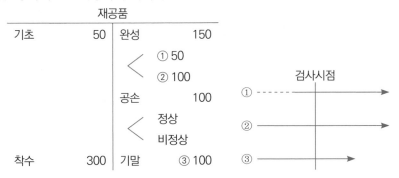

> ① 기초 재공품이 완성된 물량: '기초 재공품의 완성도<검사 시점의 완성도'이면 통과
> ② 당기에 착수하여 완성된 물량: 무조건 통과
> ③ 기말 재공품: '기말 재공품의 완성도>검사 시점의 완성도'이면 통과

①번 물량: 기초 재공품의 완성도가 검사 시점의 완성도 이후이면 '전기에' 검사를 통과했을 것이다. 정상공손수량은 '당기에' 통과한 물량에 비례하므로 이 경우 포함되면 안 된다. 따라서 기초 재공품의 완성도가 검사 시점의 완성도 이전일 때에만 포함한다.

②번 물량: 완성도가 0에서 시작해서 1까지 갔으므로 무조건 검사를 통과한 물량이다.

③번 물량: 기말 재공품의 완성도가 검사 시점의 완성도보다 커야 검사를 통과한 것이다.

이 과정에서 실수를 줄이기 위해서 '당기 중 검사를 통과한' 물량에 *(별표) 표시를 해두자. ②번 물량은 무조건 *표시된다. ①,③번 물량은 완성도와 검사시점을 비교해서 *표시 여부를 판단해야 한다. *표시한 물량에 정상공손허용률을 곱하면 실수 없이 정상공손수량을 구할 수 있다.

> **※주의** 정상공손수량은 평균법, 선입선출법 적용과 관계없이 동일
>
> 정상공손수량을 구하는 식에서 원가흐름의 가정을 전혀 고려하지 않았다. 정상공손수량은 평균법, 선입선출법 적용과 관계없이 동일하기 때문이다. 원가흐름의 가정은 '제품원가' 계산 시 적용되는 개념으로, 검사를 받았는지 여부에 영향을 주지 않는다. 검사 통과 여부를 구분하기 위하여 물량 흐름을 ①~③으로 표시하였는데, 선입선출법일 때에만 하는 것이 아니라 평균법일 때에도 똑같이 표시해야 한다. 따라서 정상공손수량과 비정상공손수량 구분 시에는 평균법인지, 선입선출법인지를 신경 쓰지 말자.

3. 공손품의 재료원가 완성도 = 1, 공손품의 가공원가 완성도 = 검사 시점

재공품 T계정에 재공품, 완성품과 함께 공손품도 완성도를 기재해야 한다. 공손품은 검사 시점까지만 원가를 투입하고 공손품으로 판명되면 더 이상 원가를 투입하지 않는다. 따라서 '재료원가는 공정 초기에 전부 투입하고 가공원가는 공정 전반에 걸쳐 투입된다.'고 가정하면, 공손품의 재료원가 완성도는 1, 공손품의 가공원가 완성도는 검사 시점이 된다.

4. 정상공손원가(정상품에 배부) 및 비정상공손원가(비용)

공손수량을 정상공손수량과 비정상공손수량으로 구분했다면, 공손원가를 구해야 한다. 공손원가는 앞에서 배운 종합원가계산 논리대로 완성품환산량에 완환량 단위당 원가를 곱해서 구하면 된다. 정상공손원가는 완성품을 만들기 위한 부대비용의 성격을 띄므로 정상품의 수량에 비례하여 완성품원가 및 기말재공품원가에 가산한다.

비정상공손원가는 낭비된 원가이므로 비정상공손원가는 당기비용으로 처리한다.

예제 | 공손 - 비정상공손수량

01 ㈜한국은 단일제품을 대량으로 생산하고 있으며, 종합원가계산을 적용하고 있다. 원재료는 공정초기에 투입되고 가공원가는 공정전반에 걸쳐 균등하게 발생하는데, ㈜한국의 20X1년 4월의 생산자료는 다음과 같다.

• 기초재공품	100,000개	• 당기착수량	800,000개
(완성도 60%)		• 기말재공품	200,000개
• 당기완성량	600,000개	(완성도 80%)	

㈜한국은 선입선출법을 적용하고 있으며, 생산공정에서 발생하는 공손품의 검사는 공정의 50%시점에서 이루어지며, 검사를 통과한 합격품의 10%를 정상공손으로 허용하고 있을 때 비정상공손 수량은?

2021. 국가직 9급

① 10,000개   ② 30,000개

③ 60,000개   ④ 70,000개

● 해설

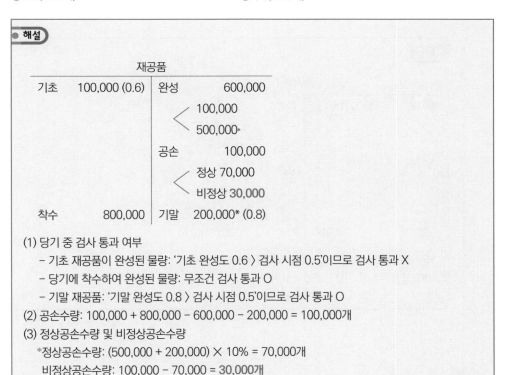

재공품

기초	100,000 (0.6)	완성	600,000
			100,000
			500,000*
		공손	100,000
			정상 70,000
			비정상 30,000
착수	800,000	기말	200,000* (0.8)

(1) 당기 중 검사 통과 여부
  – 기초 재공품이 완성된 물량: '기초 완성도 0.6 〉 검사 시점 0.5'이므로 검사 통과 X
  – 당기에 착수하여 완성된 물량: 무조건 검사 통과 O
  – 기말 재공품: '기말 완성도 0.8 〉 검사 시점 0.5'이므로 검사 통과 O
(2) 공손수량: 100,000 + 800,000 – 600,000 – 200,000 = 100,000개
(3) 정상공손수량 및 비정상공손수량
  *정상공손수량: (500,000 + 200,000) × 10% = 70,000개
  비정상공손수량: 100,000 – 70,000 = **30,000개**

답 ②

02 ㈜한국은 선입선출법에 의한 종합원가계산을 채택하고 있으며, 당기의 생산 관련 자료는 다음과 같다.

	물량(개)	가공비 완성도
기초재공품	1,000	(완성도 30%)
당기착수량	4,300	
당기완성량	4,300	
공손품	300	
기말재공품	700	(완성도 50%)

원재료는 공정 초기에 전량 투입되며, 가공비는 공정 전반에 걸쳐 균등하게 발생한다. 품질검사는 가공비 완성도 40% 시점에서 이루어지며, 당기 검사를 통과한 정상품의 5%에 해당하는 공손수량은 정상공손으로 간주한다. 당기의 비정상공손수량은? 2016. 지방직 9급

① 50개   ② 85개
③ 215개   ④ 250개

● **해설**

재공품

기초	1,000 (1)(0.3)	완성	4,300

                            <   1,000* (0)(0.7)

                                3,300* (1)(1)

                             공손   300

                              <   정상 250 (1)(0.4)

                                  비정상 50 (1)(0.4)

착수	4,300	기말	700* (1)(0.5)

*정상공손수량: (1,000 + 3,300 + 700) × 5% = 250
비정상공손수량: 300 − 250 = 50개

답 ①

예제 공손 – 완성품환산량

03 ㈜한국의 2013년 11월 생산자료는 다음과 같다. 원재료는 공정 초에 투입되며, 가공비의 경우 월초재공품은 70% 완성되고 월말재공품은 60% 완성되었다. 공손은 공정의 완료시점에서 발견되었다. ㈜한국이 평균법에 의한 종합원가계산을 할 때, 가공비의 당월 완성품환산량은?

2014. 국가직 9급

- 11월 1일 월초재공품 2,500개
- 11월 착수량 12,000개
- 11월 30일 월말재공품 4,500개
- 완성 후 제품계정 대체 9,300개
- 비정상공손 500개

① 12,500개　　　　　　　　② 12,700개
③ 13,200개　　　　　　　　④ 14,500개

● 해설

재공품				완성품환산량	
				재료원가	가공원가
기초	2,500 (1)(0.7)	완성	9,300		9,300
		공손	700		
		정상 200 (1)(1)			200
		비정상 500 (1)(1)			500
착수	12,000	기말	4,500 (1)(0.6)		2,700
					12,700

정상공손수량: 2,500 + 12,000 – 9,300 – 500 – 4,500 = 200개
문제에서 비정상공손수량을 직접 제시했으므로 각 물량이 검사를 통과하였는지 따질 필요가 없다. 따라서 완성품을 둘로 구분하지 않았다.

답 ②

04 ㈜한국은 하나의 공정에서 단일 제품을 생산하며 선입선출법을 적용하여 완성품 환산량을 계산한다. 직접재료 중 1/2은 공정 초에 투입되고 나머지는 가공이 50% 진행된 시점부터 공정의 종점까지 공정 진행에 따라 비례적으로 투입된다. 가공원가는 공정 전반에 걸쳐 균등하게 투입된다. 검사는 공정의 60% 시점에서 실시되며 일단 검사를 통과한 제품에 대해서는 더 이상 공손이 발생하지 않는 것으로 가정한다. 정상공손은 검사통과수량의 10%로 잡고 있다. 3월의 수량 관련 자료가 다음과 같을 때, 비정상공손수량 직접재료원가의 완성품환산량은?

2020. 지방직 9급 **심화**

	수량(개)	가공원가완성도(%)
기초재공품	2,800	30%
완성량	10,000	
공손량	2,000	
기말재공품	3,000	70%

① 420개   ② 430개

③ 440개   ④ 450개

● **해설**

		재공품		완성품환산량	
				재료원가	가공원가
기초	2,800 (0.5)(0.3)	완성	10,000		
			2,800* (0.5)(0.7)		
			7,200* (1)(1)		
		공손	2,000 (0.6)(0.6)		
			*1,300		
			700	420	
착수		기말	3,000* (0.7)(0.7)		

(1) 공손품의 재료원가 완성도 = 50% + (60% − 50%) = 60%
　재료원가는 공정 초에 50%를 투입하였고, 가공이 50% 진행된 시점부터 공정 진행에 비례하게 투입되므로 60% − 50% = 10%가 추가로 투입된 것이다. 따라서 재료원가 완성도는 60%이다.
(2) 공손수량
　*정상공손수량: (2,800 + 7,200 + 3,000) × 10% = 1,300개
　비정상공손수량: 2,000 − 1,300 = 700개

답 ①

예제 **공손 - 정상공손원가** 심화

05 ㈜대한은 종합원가계산방법을 적용하고 있다. 직접재료는 공정 초기에 전량 투입되며, 전환원가는 공정 전반에 걸쳐서 균등하게 발생한다. 당기완성품환산량 단위당 원가는 직접재료원가 ₩60, 전환원가 ₩40이었다. 공정의 50% 시점에서 품질검사를 수행하며, 검사에 합격한 전체수량의 10%를 정상공손으로 처리하고 있다. ㈜대한의 물량흐름 자료가 다음과 같을 때, 정상공손원가는?

2016. 국가직 9급

• 기초재공품	1,000개(완성도 30%)	• 당기완성량	2,600개
• 당기착수량	3,000개	• 공손수량	500개
		• 기말재공품	900개(완성도 60%)

① ₩17,500 ② ₩20,800

③ ₩28,000 ④ ₩35,000

● 해설

	재공품			완성품환산량	
				재료원가	가공원가
기초	1,000 (1)(0.3)	완성	2,600		
			1,000* (0)(0.7)		
			1,600* (1)(1)		
		공손	500		
			350* (1)(0.5)	350	175
			150 (1)(0.5)		
착수	3,000	기말	900* (1)(0.6)		
				@60	@40

품질 검사 시점이 50%이므로 ① 기초 재공품이 완성된 물량, ② 당기에 착수하여 완성된 물량, ③ 기말 재공품 전부 당기에 검사를 통과하였다. 따라서 정상공손수량은 다음과 같이 구한다.

*정상공손수량: (1,000 + 1,600 + 900) × 10% = 350개
 정상공손원가: 350 × @60 + 175 × @40 = 28,000

문제에 선입선출법인지, 평균법인지 언급이 없다. 어차피 공손수량을 구할 때에는 원가흐름의 가정과 관계없이 물량을 기초 재공품 1,000개, 당기에 착수하여 완성된 1,600개, 기말 재공품 900개로 나눠야 하기 때문이다. 선입선출법으로 푼 것이 아니라, 공손 수량을 구하기 위해서는 무조건 이렇게 풀어야 한다.

답 ③

COST ACCOUNTING

김용재 코어 공무원 회계학 원가관리회계

① 순실현가치법 ★중요!
② 균등이익률법

결합원가는 약 3년에 1번 정도 출제되는 주제로, 최근 들어 출제 빈도가 증가하고 있는 주제이다. 대부분의 문제가 순실현가치법으로 출제되며, 가끔 균등이익률법도 출제되는 편이다.

결합원가

CHAPTER

07 결합원가

COST ACCOUNTING

▶▶ 김용재 코어 공무원 회계학 원가관리회계

1 결합원가

결합원가란 하나의 공정을 거쳐 여러 제품이 생산되는 경우 투입되는 원가를 말하며, 하나의 공정을 거쳐 생산된 제품을 결합제품이라고 부른다. 가령, 사과를 투입해서 사과잼과 사과주스를 동시에 생산하고 있다면 생산과정에서 투입된 원가가 결합원가, 사과잼과 사과주스가 결합제품이 된다. 결합원가 배부 방법에는 순실현가치법, 균등이익률법 등이 있다. 결합원가 배부 방법 중에서는 순실현가치법이 가장 출제 빈도가 높다.

2 순실현가치법(NRV법)

	① 매출액	② NRV	⑤ 결합원가	⑥ 제조원가
A	공정가치 × 생산량	매출액 − 추가가공원가	④ 총 결합원가 × $\dfrac{② NRVa}{③ NRV 합계}$	A 결합원가 + 추가가공원가
B	XXX	XXX		
계		③ NRV 합계	④ 총 결합원가	

순실현가치법은 각 결합제품의 순실현가치(NRV)의 비율대로 결합원가를 배부하는 방법을 말한다. 순실현가치법의 풀이 순서는 다음과 같다.

STEP 1 매출액 구하기

---

① 매출액 = 공정가치 × 생산량

NRV를 구하기 위해서는 먼저 매출액을 구해야 한다.

STEP 2 순실현가치(NRV) 구하기

---

② NRV = 매출액 - 추가가공원가

위 식을 이용하여 ②제품별 NRV를 계산한 뒤, ③NRV 합계를 구한다.

> **※ 주의** 매출액 및 NRV 계산 시 판매량이 아닌 생산량을 이용할 것!
>
> 결합원가 배부 시에는 판매량이 아닌 생산량을 기준으로 배부해야 한다. 판매량을 기준으로 매출액 및 NRV를 계산한다면 원가가 판매량을 기준으로 배부된다. 이 경우 판매가 저조한 제품은 원가를 배부받지 못하는 문제가 생긴다. 따라서 생산된 물량이 전부 팔린다고 가정하고 매출액을 구하고, 생산량을 기준으로 결합원가를 배부해야 한다.

STEP 3 결합원가 배분하기

문제에 제시된 ④총 결합원가를 Step 2에서 구한 NRV의 비율대로 ⑤각 결합제품에 배부한다.

STEP 4 제품별 제조원가 구하기

대부분의 문제는 각 제품에 배부될 결합원가를 묻는다. 이 경우 Step 3까지만 계산하면 된다. 하지만 '결합원가'가 아닌 '제조원가'를 물었다면 결합원가 이후의 ⑥추가가공원가까지 가산해야 한다.

> **HONEY 김수석의 꿀팁!** 요구사항을 잘 읽고, 문제에서 묻는 제품만 계산하자!
>
> 문제에서 모든 결합제품에 대해 묻는 경우는 거의 없다. 보통 하나, 많으면 두 결합제품에 대해서만 묻기 때문에 요구사항을 잘 읽고, 문제에서 묻는 제품만 계산하자. 이때, NRV까지는 모든 제품을 계산해야 한다. 결합원가를 배부하기 위해서는 NRV 합계를 알아야 하기 때문이다. 위의 풀이 양식 표에서 'XXX' 표시해놓은 칸은 채워야 한다. 결합원가 배부 과정부터 문제에서 묻는 제품만 계산하면 된다.

예제 순실현가치법

01 다음은 제품A~C에 대한 자료이다. 이 중에서 제품A에 대한 설명으로 옳지 않은 것은? (단, 결합원가 ₩70,000의 배분은 순실현가치기준법을 사용한다) 2015. 국가직 9급

제품	생산량	각 연산품 추가가공비	단위당 공정가치
A	100kg	₩15,000	₩500
B	150kg	₩8,000	₩300
C	200kg	₩12,000	₩200

① 매출액은 ₩50,000이다.
② 순실현가치는 ₩35,000이다.
③ 단위당 제조원가는 ₩245이다.
④ 결합원가의 배분액은 ₩24,500이다.

● 해설

	매출액	NRV	결합원가	제조원가
A	50,000	50,000 − 15,000 = 35,000	70,000 × 35% = 24,500	24,500 + 15,000 = **39,500**
B	45,000	45,000 − 8,000 = 37,000	70,000 × 37% = 25,900	25,900 + 8,000 = 33,900
C	40,000	40,000 − 12,000 = 28,000	70,000 × 28% = 19,600	19,600 + 12,000 = 31,600
계		100,000	70,000	

제품 A의 단위당 제조원가: 39,500/100kg = 395
설명을 위해 문제에서 묻지 않은 B와 C에 대해서도 결합원가를 배부하고, 제조원가를 구했지만, 실전이었다면 A의 결합원가와 제조원가만 계산했으면 된다. 음영 처리한 부분은 구할 필요가 없었다.

답 ③

02 ㈜한국은 결합공정에서 연산품 A와 B를 생산한다. 당기 중 원재료 10,000kg이 공정에 투입되어 다음과 같이 생산되었다.

연산품	생산량	최종판매가치	추가가공비
A	2,000kg	₩10,000	₩2,000
B	8,000kg	₩48,000	₩6,000

결합원가 ₩40,000을 분리점의 순실현가치로 배분할 때, 연산품 B에 배분될 결합원가는?

2012. 지방직 9급

① ₩6,400　　　　　　　　　② ₩32,000
③ ₩33,600　　　　　　　　　④ ₩40,000

● 해설

	매출액	NRV	결합원가
A	10,000	10,000 − 2,000 = 8,000	40,000 × 16% = 6,400
B	48,000	48,000 − 6,000 = 42,000	40,000 × 84% = 33,600
계		50,000	40,000

답 ③

07

03 ㈜한국은 결합제품 A, B를 생산하고 있으며, 결합원가는 분리점에서의 상대적 순실현가치를 기준으로 배분한다. ㈜한국의 20X1년 원가자료는 다음과 같다.

구분	제품 A	제품 B
생산량	2,000단위	5,000단위
단위당 추가가공원가	₩100	₩80
추가가공 후 단위당 판매가격	₩400	₩160
결합원가	₩350,000	

기초와 기말제품재고는 없다고 가정할 때, 20X1년도 제품 A와 제품 B의 매출총이익은?

2019. 국가직 9급

	제품 A	제품 B
①	₩325,000	₩325,000
②	₩390,000	₩260,000
③	₩425,000	₩225,000
④	₩500,000	₩150,000

● 해설

	매출액	NRV	결합원가	제조원가	매출총이익
A	800,000	800,000 − 200,000 = 600,000	350,000 × 0.6 = 210,000	210,000 + 200,000 = 410,000	800,000 − 410,000 = 390,000
B	800,000	800,000 − 400,000 = 400,000	350,000 × 0.4 = 140,000	140,000 + 400,000 = 540,000	800,000 − 540,000 = 260,000
계		1,000,000	350,000		

기초와 기말제품재고가 없다고 가정하였으므로, 판매량은 생산량과 일치하며, 당기에 생산된 재고는 전부 팔린다. 따라서 표에 있는 제조원가가 곧 매출원가이다.

참고로, 본 문제의 경우 ①~④의 금액이 모두 다르므로 A만 구해도 충분히 풀 수 있는 문제였다.

目 ②

3 균등이익률법

	매출액	제조원가	결합원가
A	① 공정가치 × 생산량	③ 매출액 × 매출원가율	④ 제조원가 − 추가가공원가
B	XXX		
계	②기업 전체의 매출액		

균등이익률법이란, 모든 결합제품의 이익률이 동일하도록 결합원가를 배부하는 방법을 말한다. 균등이익률법은 순실현가치법 다음으로 많이 출제되는 방법이다. 균등이익률법의 풀이 순서는 다음과 같다.

STEP 1 기업 전체의 매출액 구하기

기업 전체의 매출원가율 구하기 위해선 먼저 각 결합제품의 매출액을 알아야 한다. ①각 결합제품의 매출액을 구한 뒤, ②기업 전체의 매출액을 계산한다.

STEP 2 기업 전체의 매출원가율 구하기

> 기업 전체의 매출원가율 = 기업 전체의 제조원가/기업 전체의 매출액
> = (총 결합원가 + 총 추가가공원가)/기업 전체의 매출액

기업 전체의 제조원가를 구할 때 결합원가를 배놓지 않도록 주의하자. 추가가공원가는 주로 표로 제시되기 때문에 시선이 집중되지만, 결합원가는 문장으로 제시되기 때문에 빼고 계산하기 쉽다.

STEP 3 각 제품의 제조원가 구하기

> 각 제품의 제조원가 = 각 제품의 매출액 × 기업 전체의 매출원가율

STEP 4 개별제품의 결합원가 구하기

> 각 제품의 결합원가 = 각 제품의 제조원가 − 추가가공원가

조금만 더 힘내보자!

김수석의 핵심 콕! 순실현가치법과 균등이익률법의 비교

NRV법	균등이익률법
① 결합원가	① 제조원가
추가가공원가	(추가가공원가)
② 제조원가	② 결합원가

NRV법은 NRV를 이용하여 결합원가를 먼저 배부한 뒤, 추가가공원가를 가산하여 제조원가를 구하지만, 균등이익률법은 매출원가율을 이용하여 제조원가를 먼저 구한 뒤, 추가가공원가를 차감하여 결합원가를 구한다. 둘의 계산 순서 차이를 기억하자.

예제 균등이익률법

01 다음은 제품A~C에 대한 자료이다. 이 중에서 제품A에 대한 설명으로 옳지 않은 것은? (단, 결합원가 ₩40,000의 배분은 균등이익률법을 사용한다) 2015. 국가직 9급 수정

제품	생산량	각 연산품 추가가공비	단위당 공정가치
A	500kg	₩10,000	₩100
B	150kg	₩25,000	₩200
C	200kg	₩5,000	₩100

① 매출액은 ₩50,000이다.
② 제조원가는 ₩40,000이다.
③ 단위당 제조원가는 ₩80이다.
④ 결합원가의 배분액은 ₩40,000이다.

● 해설

	매출액	제조원가	결합원가
A	①50,000	②,③50,000 × 80% = 40,000	40,000 – 10,000 = ④30,000
B	30,000	30,000 × 80% = 24,000	24,000 – 25,000 = (–)1,000
C	20,000	20,000 × 80% = 16,000	16,000 – 5,000 = 11,000
계	100,000	80,000	40,000

기업 전체의 매출원가율 = (40,000 + 10,000 + 25,000 + 5,000)/100,000 = 80%
이번 문제에서도 A제품만 물었기 때문에 음영 처리한 부분은 구할 필요가 없었다.

탑 ④

균등이익률법을 적용할 경우 부(−)의 결합원가가 배부될 수 있음!

제품 B의 결합원가를 보자. (−)1,000이 배부되었다. 균등이익률법을 적용하는 경우 이처럼 부(−)의 결합원가가 배부될 수 있다. 추가가공원가가 큰 제품의 경우에는 다른 제품과 이익률을 일치시키기 위해서는 결합원가가 음수여야 할 수도 있기 때문이다. 제품 B의 경우 추가가공원가가 25,000으로 다른 제품에 비해 추가가공원가가 크다. 이미 추가가공원가만으로도 기업 전체의 매출원가율인 80%를 넘기 때문에 이를 맞추기 위해서는 결합원가가 음수로 배부되어야 한다. 균등이익률법 적용 시 부의 결합원가가 배부되는 것은 균등이익률법의 한계로 지적된다.

02 ㈜한국은 단일의 공정을 거쳐 A, B 두 종류의 결합제품을 생산하고 있으며, 사업 첫 해인 당기에 발생한 결합원가는 ₩200이다. 다음의 자료를 이용하여 결합원가를 균등이익률법으로 배부할 경우 제품 A와 B에 배부될 결합원가로 옳은 것은? 2017. 국가직 9급

	추가가공 후 최종가치(매출액)	추가가공원가
제품 A	₩100	₩50
제품 B	₩300	₩50

	제품 A	제품 B
①	₩25	₩175
②	₩50	₩150
③	₩150	₩50
④	₩175	₩25

● 해설

	매출액	총 원가	제조원가	결합원가
A	100	50 + 50 + 200	100 × 75% = 75	75 − 50 = 25
B	300		300 × 75% = 225	225 − 50 = 175
계	400	300 (75%)		200

目 ①

03 ㈜한국은 당기에 제1공정에서 결합원가 ₩120,000을 투입하여 결합제품 A, B, C를 생산하였다. A와 B는 분리점에서 각각 ₩100,000과 ₩80,000에 판매 가능하며, C는 분리점에서 판매 불가능하므로 추가가공원가 ₩60,000을 투입하여 ₩120,000에 판매한다. ㈜한국이 균등이익률법으로 결합원가를 배부할 경우, C에 배부될 결합원가는? 2022. 지방직 9급

① ₩12,000   ② ₩48,000

③ ₩60,000   ④ ₩72,000

● 해설

	매출액	총 원가	제조원가	결합원가
A	100,000		100,000 × 60% = 60,000	60,000
B	80,000	120,000 + 60,000	80,000 × 60% = 48,000	48,000
C	120,000		120,000 × 60% = 72,000	72,000 − 60,000 = 12,000
계	300,000	180,000(60%)	180,000	120,000

답 ①

4 분리점에서의 판매가치법 _{심화}

분리점에서의 판매가치 = 분리점에서의 생산량 × 분리점에서의 판매가격

분리점에서의 판매가치법이란 결합제품의 '분리점'에서의 상대적 판매가치를 기준으로 결합원가를 배부하는 방법이다. 분리점에서의 판매가치법에서 유의할 사항이 두 가지 있다.

첫 번째는 순실현가치법에서 언급한 것과 마찬가지로, 분리점에서의 판매가치를 계산할 때에도 판매량이 아닌 생산량을 이용한다는 점이다. 결합원가는 판매량이 아닌 생산량에 비례하여 발생하므로 생산량을 기준으로 배부해야 한다.

두 번째는 '분리점'에서의 판매가치를 기준으로 배부한다는 점이다. 분리점이란 결합공정이 끝난 시점으로, 추가가공 이전 단계를 말한다. 문제에서는 분리점의 판매 자료와 추가 가공이 끝난 시점의 판매 자료를 모두 제시할 것이다. 실제로는 분리점에서 판매하는 것이 아니라 추가가공하여 판매하더라도 '결합원가 배부 시에는' 반드시 분리점의 판매 자료를 이용해야 한다.

분리점에서의 판매가치법

01 ㈜한국은 화학재료 4,000kg을 투입해서 정제공정을 거쳐 3:2의 비율로 연산품 A와 B를 생산하며, 분리점 이전에 발생한 결합원가는 다음과 같다.

구분	금액
직접재료원가	₩250,000
직접노무원가	₩120,000
제조간접원가	₩130,000
합계	₩500,000

결합제품의 kg당 판매가격은 연산품 A가 ₩40/kg이고, 연산품 B가 ₩60/kg이다. 분리점에서의 판매가치법에 따라 결합원가를 배분할 경우, 연산품 B에 배부되는 결합원가는?

2022. 국가직 9급

① ₩250,000   ② ₩350,000
③ ₩450,000   ④ ₩550,000

● **해설**

	생산량	분리점에서의 판매가치	결합원가
A	4,000 × 3/5 = 2,400kg	2,400kg × 40 = 96,000	250,000
B	4,000 × 2/5 = 1,600kg	1,600kg × 60 = 96,000	**250,000**
계	4,000kg	192,000	500,000

각 연산품의 분리점에서의 판매가치가 일치하므로, 결합원가도 A와 B에 각각 같은 금액을 배부한다.

目 ①

02 ㈜서울은 사과를 가공해서 사과주스원액과 사과비누원액을 생산한 후, 추가가공을 거쳐 사과주스와 사과비누를 생산하고 있다. 20X1년 1월 사과 1,000kg을 투입(분리점까지 발생원가: ₩3,000,000)하여 사과주스원액 500L와 사과비누원액 500L가 생산되었다. 사과주스원액 500L는 추가원가 ₩500,000으로 사과주스 2,000개가 생산되었으며, 사과비누원액 500L는 추가원가 ₩700,000으로 사과비누 2,000개가 생산되었다. 제품별 판매가격은 〈보기〉와 같다. 기초 및 기말재고자산은 없으며 생산된 제품은 모두 판매되었다. 분리점에서의 판매가치법(sales value at split-off method)을 이용하여 결합원가를 배분할 경우 사과주스의 매출총이익은?

2018. 서울시 7급

〈제품별 판매가격〉

- 사과주스원액 : L당 ₩1,000
- 비누원액 : L당 ₩2,000
- 사과주스 : 개당 ₩2,000
- 비누 : 개당 ₩3,000

---

① ₩1,200,000 ② ₩1,500,000

③ ₩2,000,000 ④ ₩2,500,000

● 해설

	분리점에서의 판매가치	결합원가	제조원가 (= 결합원가 + 추가원가)	매출총이익
주스	500L × @1,000 = 500,000	3,000,000 × 1/3 = 1,000,000	1,000,000 + 500,000 = 1,500,000	2,000개 × @2,000 − 1,500,000 = 2,500,000
비누	500L × @2,000 = 1,000,000	3,000,000 × 2/3 = 2,000,000	2,000,000 + 700,000 = 2,700,000	2,000개 × @3,000 − 2,700,000 = 3,300,000
계	1,500,000	3,000,000		

본 문제에서는 사과주스만 물어보았기 때문에 음영처리한 부분은 구할 필요가 없었다.

답 ④

COST ACCOUNTING

김용재 코어 공무원 회계학 원가관리회계

이 장의 출제 뽀인트!

① DM 차이분석
② DL 차이분석 ★중요!
③ 고정OH 차이분석 ★중요!

표준원가계산이란, 제조원가에 대하여 미리 표준원가를 설정해놓은 뒤, 그 표준원가로 제품원가를 계산하는 방법이다.

표준원가는 국가직과 지방직 모두 약 2년에 1번 정도 출제되는 중요한 주제로, 대부분이 차이 분석과 관련하여 출제되었다. 차이분석에서는 직접노무원가와 고정제조간접원가가 비슷한 수준으로 가장 많이 출제되었고, 그 다음으로는 직접재료원가가 많이 출제되었다.

표준원가

1 차이분석

차이분석이란 실제원가와 표준원가의 차이를 각 발생원인에 따라 구분하여 분석하는 것이다. 차이분석의 큰 틀은 다음과 같다.

실제원가 AQ × AP		변동예산(투입량기준) AQ × SP		변동예산(산출량기준) SQ × SP
= XXX	가격차이	= XXX	능률차이	= XXX

└ 총변동예산차이(= 총 차이) ┘

1. 용어 설명

	A(Actual) – 실제	S(Standard) – 표준
P(Price) – 가격	AP: 투입요소의 단위당 실제가격	SP: 투입요소의 단위당 표준가격
Q(Quantity) – 투입량	AQ: 투입요소의 실제투입량	SQ: 실제산출량에 허용된 투입요소의 표준투입량

P(가격)와 Q(수량) 모두 '생산량'을 기준으로 하는 것이 아니라 '투입요소'(원재료, 직접노동시간)를 기준으로 한 금액이라는 것을 주의하자. 원재료로 예를 들면, P는 원재료 1단위 당 가격을, Q는 원재료의 투입량을 의미한다. P가 제품 1단위당 가격, Q가 제품의 생산량을 의미하지 않는다.

2. 원가 계산 방법

(1) AQ × AP: 실제 원가로, 실제 투입량에 단위당 실제가격을 곱해서 구한다. 문제에서 실제 총액을 직접 제시해주는 경우에는 계산할 필요 없이 그 금액을 사용하면 된다. 표의 맨 왼쪽에 있으므로 편의상 본 교재에서는 '왼쪽 줄'이라고 부르겠다.

(2) AQ × SP: 실제 투입량에 단위당 표준가격을 곱한 값이다. 표의 가운데에 있으므로 편의상 본 교재에서는 '가운데 줄'이라고 부르겠다.

(3) SQ × SP: 표준 투입량에 단위당 표준가격을 곱한 값이다. 표의 오른쪽에 있으므로 편의상 본 교재에서는 '오른쪽 줄'이라고 부르겠다. 표준투입량은 다음과 같이 계산한다.

> SQ: 실제 산출량(생산량) × 단위당 표준 투입량 ★중요!

 **SQ(표준투입량)의 개념**

SQ가 '표준' 투입량이라는 것은 대부분의 수험생이 기억한다. 하지만 SQ 계산 시 '실제' 산출량을 곱하는 것은 많이들 기억하지 못한다.

차이분석은 실제원가(AQ × AP)와 표준원가(SQ × SP)를 비교하는 것이다. 산출량을 같게 맞춰주어야 비교가 정확할 것이다. 가령, 실제로 200개를 생산했는데 표준 생산량인 100개의 표준원가를 비교하는 것은 논리적이지 않다. 실제로 200개를 생산했다면 SQ도 200개로 환산해서 계산해야 한다. **SQ는 '표준' 투입량이지만 '실제' 생산량을 곱한다는 것을 정확히 기억하자.**

3. 차이 계산방법

(1) 가격차이와 능률차이(가능)

① 가격차이: AQ × AP와 AQ × SP의 차이 = AQ × (AP − SP)

가격차이는 왼쪽 줄과 가운데 줄의 차이를 말한다. 두 줄 모두 동일하게 AQ를 사용하면서 AP와 SP의 차이이므로, '가격'차이라고 부른다.

② 능률차이: AQ × SP와 SQ × SP의 차이 = SP × (AQ − SQ)

능률차이는 가운데 줄과 오른쪽 줄의 차이를 말한다. 두 줄 모두 동일하게 SP를 사용하면서 AQ와 SQ의 차이이므로, '능률'차이라고 부른다.

 **김수석의 꿀팁!** **가격차이와 능률차이 순서: 가능**

왼쪽에서부터 가격차이 − 능률차이 순서로 차이 분석이 진행되므로, 이를 '가능'이라고 외우자. 왼쪽 줄의 'AQ × AP'에서 오른쪽 줄로 갈 땐 가격과 수량 중 하나를 표준으로 바꿔야 하는데, 가격을 먼저 바꾸므로 두 번째 줄은 'AQ × SP'가 와야 된다고 이해하면 쉽게 외울 수 있다. 가격을 먼저 바꾸는 이유는 관행 및 원가회계 이론이므로 중요하지 않으며, 결론만 알면 된다.

가격차이와 능률차이는 원가에 따라 다음과 같이 다양한 이름으로 제시될 수 있다.

	가격차이	능률차이
DM	가격차이	능률차이, 수량차이, 사용차이
DL	가격차이, 임률차이	능률차이, 시간차이
변동OH	소비차이	능률차이
고정OH	예산차이	조업도차이

DM의 능률차이는 주로 '재료수량차이', DL의 가격차이는 주로 '임률차이'로 표시되므로 기억해두자.

(2) 유리한 차이와 불리한 차이: 왼쪽이 크면 불리!

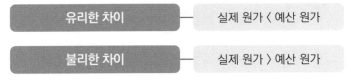

각 줄의 차이를 가격차이와 능률차이로 계산하는데, 금액뿐만 아니라 부호도 표시할 필요가 있다. 차이 분석표에서 왼쪽이 크면 불리한 차이로 표시한다. 왼쪽이 실제원가, 오른쪽이 표준원가에 가까우므로 실제원가가 더 크면 그만큼 기업에 불리하기 때문이다. 반대로 오른쪽이 크면 실제 원가가 표준에 비해 적게 발생한 것이므로 유리한 차이로 표시한다.

2 직접재료원가 차이분석

차이분석에서는 DL - DM - 고정OH 순으로 출제 빈도가 높으며, 변동OH는 거의 출제되지 않는다. DM, DL, 변동OH는 모두 풀이방법이 동일하므로, 변동OH가 출제된다면 DM, DL과 똑같은 방법으로 풀면 된다.

직접재료원가 차이분석에서는 재료가격차이와 재료수량차이를 모두 묻는 문제가 가장 많이 출제되었다. 앞에서 배운 차이분석표를 그려서 두 가지 차이를 구하는 간단한 문제이다.

참고로, 직접재료원가를 구입시점에 분리하는 방법이 있으나 출제 가능성이 거의 없으므로 생략한다.

예제 · **직접재료원가 차이분석**

01 표준원가계산제도를 도입하고 있는 ㈜대한의 재료원가에 대한 표준과 제품 1,000단위를 생산한 지난 달의 실제재료원가 발생액이 다음과 같다. 재료가격차이와 재료수량차이는?

2011. 국가직 9급

> • 제품 단위당 표준재료원가
>   - 수량 10단위, 재료단위당가격 ₩100
> • 실제발생 재료원가
>   - 재료소비량 12,000단위, 재료원가 ₩1,080,000

	재료가격차이	재료수량차이
①	₩100,000(불리한 차이)	₩180,000(유리한 차이)
②	₩100,000(유리한 차이)	₩180,000(불리한 차이)
③	₩120,000(불리한 차이)	₩200,000(유리한 차이)
④	₩120,000(유리한 차이)	₩200,000(불리한 차이)

> ● **해설**
>
> | DM | AQ × AP | | AQ × SP | | SQ × SP |
> |---|---|---|---|---|---|
> | | = 1,080,000 | 가격차이 ②120,000 유리 | 12,000 × 100 = ①1,200,000 | 수량차이 ⑤200,000 불리 | ③10,000 × 100 = ④1,000,000 |
>
> ③SQ: 1,000 × 10단위 = 10,000
>
> 답 ④

02 ㈜서울의 직접재료원가 관련 자료가 다음과 같다면, 직접재료가격차이와 직접재료수량차이로 옳은 것은?

2016. 서울시 9급

- 직접재료 표준사용량: 1,000단위
- 직접재료 실제사용량: 1,200단위
- 직접재료 단위당 표준가격: ₩23
- 직접재료 단위당 실제가격: ₩20

	재료가격차이	재료수량차이
①	₩3,000(유리한 차이)	₩4,000(불리한 차이)
②	₩3,000(불리한 차이)	₩4,000(유리한 차이)
③	₩3,600(유리한 차이)	₩4,600(불리한 차이)
④	₩3,600(불리한 차이)	₩4,600(유리한 차이)

● 해설

	AQ × AP		AQ × SP		SQ × SP
DM	1,200 × 20 = 24,000	가격차이 **3,600 유리**	1,200 × 23 = 27,600	수량차이 **4,600 불리**	1,000 × 23 = 23,000

가격차이: 1,200 × (20 − 23) = 3,600 유리
수량차이: (1,200 − 1,000) × 23 = 4,600 불리

답 ③

03 표준원가계산 제도를 사용하고 있는 ㈜서울은 제품 단위당 표준 직접재료원가로 ₩200을 설정하였으며 다음은 표준 직접재료원가의 산정 내역과 2018년 3월 동안 제품을 생산하면서 집계한 자료이다. ㈜서울의 재료 원가 변동예산 차이에 대한 설명으로 가장 옳지 않은 것은?

2018. 서울시 9급

- 제품 단위당 직접재료 표준사용량: 10kg
- 직접재료의 표준가격: ₩20/kg
- 제품 생산량: 100단위
- 실제 직접재료 사용량: 1,050kg
- 실제 직접재료원가: ₩20,600

① 총변동예산차이는 ₩600(불리한 차이)이다.
② 가격차이는 ₩400(유리한 차이)이다.
③ 능률차이는 ₩1,000(불리한 차이)이다.
④ 총변동예산차이는 ₩600(유리한 차이)이다.

	AQ × AP		AQ × SP		SQ × SP
DM	= 20,600	가격차이 **400 유리**	1,050 × 20 =21,000	능률차이 **1,000 불리**	1,000 × 20 =20,000

SQ: 100단위 × 10kg = 1,000kg

①, ④ 총변동예산차이 : 400 유리 + 1,000 불리 = 600 불리

이 문제의 경우 계산을 하지 않고 선지만 보더라도 답을 파악할 수 있었다. ①번과 ④번이 모순된 선지이므로 둘 중 하나가 틀린 문장이다. 따라서 ②번과 ③번은 반드시 맞는 문장이다. ②번과 ③번이 모두 맞는다면 총변동예산차이는 600(불리한 차이)로 계산되어 ①번이 맞는 문장이 된다. 따라서 답은 ④이다.

📖 ④

04 ㈜세무는 당기에 영업을 개시하였으며 표준원가계산제도를 채택하고 있다. 직접재료와 관련된 자료는 다음과 같다.

- 제품 단위당 직접재료 표준원가: 3kg × ₩10/kg = ₩30
- 직접재료 가격차이: ₩11,000(불리)
- 직접재료 능률차이: ₩5,000(유리)

당기 실제 제품 생산량이 2,000단위일 때 직접재료 kg당 실제 구입가격은? (단, 기말 재공품은 없다.)

2019. 세무사 수정

① ₩8   ② ₩10

③ ₩12   ④ ₩14

08

	AQ × AP		AQ × SP		SQ × SP
DM	5,500 × ⑥12 = ⑤66,000	가격차이 11,000 불리	④5,500 × 10 = ③55,000	능률차이 5,000 유리	①6,000 × 10 = ②60,000

SQ = 3kg × 2,000단위 = 6,000kg

가격차이가 11,000(불리)이므로 SP ₩10에 '11,000/5,500 = ₩2'을 가산해서 AP를 ₩12로 계산하는 것이 더 간단하다.

📖 ③

3 직접노무원가 차이분석

직접노무원가 차이분석은 직접재료원가 차이분석과 내용이 동일하다. 직접노무원가 차이분석 문제에서는 능률차이를 묻는 유형과 실제 임률(AP)을 묻는 유형이 주로 출제된다. 이 두 가지 유형의 풀이법에 대해 설명할 것이다. 이 두 유형 말고도 다른 것을 묻는 유형이 출제될 수도 있다. 김수석이 늘 강조하듯, 1)요구사항을 보고, 2)어떤 것을 구해야 할지 판단한 다음, 3)답으로 향하는 길이 보이면 풀자.

1. 능률차이를 묻는 유형

능률차이를 묻는 유형은 실제 발생액, AQ, 임률차이, SQ를 제시할 것이며, 다음의 순서대로 문제를 푼다.

	AQ × AP		AQ × SP		SQ × SP
DL	= 실제 발생액	임률차이 XXX	AQ × ②SP = ①XXX	능률차이 ⑤XXX	SQ × ③SP = ④XXX

① 실제 발생액에서 임률차이를 반영하여 가운데 줄 금액을 구한다.

② 가운데 줄 금액을 AQ로 나누어 SP를 구한다.

③ SP는 동일하므로 ②의 SP를 오른쪽 줄에 쓴다.

④ SP에 SQ를 곱해서 오른쪽 줄 금액을 구한다.

⑤ 오른쪽 줄과 가운데 줄의 차이가 능률차이이다.

직접노무원가 차이분석 - 능률차이를 묻는 유형

01 ㈜한국은 표준원가계산을 사용하고 있다. 다음 자료를 근거로 한 직접노무원가의 능률차이는?

• 실제 직접노동시간	7,000시간
• 표준 직접노동시간	8,000시간
• 직접노무원가 임률차이	₩3,500(불리)
• 실제 노무원가 총액	₩24,500

① ₩3,000(유리)　　　　　② ₩3,000(불리)

③ ₩4,000(유리)　　　　　④ ₩4,000(불리)

● **해설**

	AQ × AP		AQ × SP		SQ × SP
DL	=24,500	임률차이 3,500 불리	7,000 × ②3 = ①21,000	능률차이 ⑤3,000 유리	8,000 × ③3 = ④24,000

답 ①

02 2009년 5월 중 ㈜대한의 노무비와 관련된 다음의 자료를 이용하여 직접노무비 능률차이를 구하면?

• 제품단위당 표준직접노무시간	3시간
• 시간당 표준임률	₩20
• 시간당 실제임률	₩22
• 5월 중 제품 생산량	2,100단위
• 5월 중 실제직접노무시간	6,000시간

① ₩6,000 불리　　　　　② ₩6,000 유리

③ ₩6,600 불리　　　　　④ ₩6,600 유리

● **해설**

	AQ × AP		AQ × SP		SQ × SP
DL		임률차이	6,000 × 20 = ①120,000	능률차이 ④6,000 유리	②6,300 × 20 = ③126,000

답 ②

03 2011년 12월 ㈜한강의 직접노무원가 실제발생액은 ₩130,200,000이며, 실제직접노동시간은 21,000시간이다. 12월의 표준직접노동시간은 20,000시간이며, 직접노무원가에 대한 차이분석 결과 임률차이는 ₩4,200,000 불리한 것으로 나타났다. 12월의 직접노무원가 능률차이는?

2012. 지방직 9급

① ₩6,000,000 유리　　　　　　　　　② ₩6,000,000 불리

③ ₩10,200,000 유리　　　　　　　　④ ₩10,200,000 불리

● 해설

DL	AQ × AP		AQ × SP		SQ × SP
	= 130,200,000	임률차이 4,200,000 불리	21,000 × ②6,000 =①126,000,000	능률차이 ⑤6,000,000 불리	20,000 × ③6,000 = ④120,000,000

답 ②

2. 실제 임률(AP)을 묻는 유형

기존의 차이분석 논리는 금액에서 차이를 구하는 순서로 진행되지만, 실제 임률을 묻는 유형은 차이에서 역으로 금액을 구하는 순서로 진행되어 다소 까다롭게 느껴질 수 있다. 실제 임률을 묻는 유형은 SQ, SP, 능률차이와 임률차이를 제시할 것이며, 다음의 순서대로 문제를 푼다.

DL	AQ × AP		AQ × SP		SQ × SP
	③AQ × ⑤AP = ④XXX	임률차이 XXX	③AQ × SP = ②XXX	능률차이 XXX	SQ × SP = ①XXX

① SQ에 SP를 곱하여 오른쪽 줄 금액을 구한다.
② 오른쪽 줄 금액에서 능률차이를 반영하여 가운데 줄 금액을 구한다.
③ 가운데 줄 금액을 SP로 나누어 AQ를 구한다.
④ 가운데 줄 금액에서 임률차이를 반영하여 왼쪽 줄 금액을 구한다.
⑤ 왼쪽 줄 금액을 ③에서 구한 AQ로 나누어 AP를 구한다.

예제 직접노무원가 차이분석 – 실제 임률(AP)을 묻는 유형

01 ㈜한국의 2012년 11월 중 원가관련 자료가 다음과 같을 때, 11월 중 실제 임률은?

2012. 국가직 9급

표준직접노동시간: 1,450시간	표준임률: ₩400/시간
직접노무원가차이: ₩30,000(유리)	직접노무원가 능률차이: ₩20,000(불리)

① ₩365/시간　　　　　　　　　　② ₩370/시간
③ ₩375/시간　　　　　　　　　　④ ₩380/시간

> **해설**
>
> 문제에서 직접노무원가 능률차이를 제시했으므로, 자료에 제시된 '직접노무원가차이'는 임률차이를 의미한다.
>
> | | AQ × AP | | AQ × SP | | SQ × SP |
> | --- | --- | --- | --- | --- | --- |
> | DL | ③1,500 × ⑤380 = ④570,000 | 임률차이 30,000 유리 | ③1,500 × 400 = ②600,000 | 능률차이 20,000 불리 | 1,450 × 400 = ①580,000 |
>
> 답 ④

02 제품 100개를 생산할 때 총직접노동시간은 500시간이 걸릴 것으로 추정하고 있으며 표준임률은 시간당 ₩200이다. 당기실제생산량은 120개였고 실제작업시간은 600시간이었다. 당기에 ₩15,000의 불리한 임률 차이가 발생하였다면, 실제임률은?

2018. 지방직 9급

① ₩225　　　　　　　　　　② ₩205
③ ₩195　　　　　　　　　　④ ₩175

> **해설**
>
> | | AQ × AP | | AQ × SP | | SQ × SP |
> | --- | --- | --- | --- | --- | --- |
> | DL | 600 × ③225 = ②135,000 | 임률차이 15,000 불리 | 600 × 200 = ①120,000 | 능률차이 | |
>
> 답 ①

08

직접노무원가 차이분석 - 기타 요구사항을 묻는 유형

03 ㈜김수석의 원가관련 자료가 다음과 같을 때, 실제 직접노동시간은?

• 표준임률	시간당 ₩250
• 실제임률	시간당 ₩200
• 표준직접노동시간	150시간
• 직접노무원가 임률차이	₩5,000(유리)
• 직접노무원가 능률차이	₩12,500(유리)

① 50시간 ② 100시간
③ 150시간 ④ 200시간

해설

실제 직접노동시간: 5,000 ÷ (250 − 200) = 100시간

	AQ × AP		AQ × SP		SQ × SP
DL	100 × 200 = 20,000	임률차이 5,000 유리	100 × 250 = 25,000	능률차이 12,500 유리	150 × 250 = 37,500

답 ②

04 (주)한국은 표준원가계산제도를 적용하고 있으며, 직접노무원가와 관련된 자료는 다음과 같다.

• 표준직접노동시간	1,000시간
• 실제직접노동시간	960시간
• 실제발생 직접노무원가	₩364,800
• 능률차이(유리한 차이)	₩14,800
• 임률차이(불리한 차이)	₩9,600

직접노무원가 시간당 표준임률은?

2022. 지방직 9급

① ₩240   ② ₩350

③ ₩370   ④ ₩380

● 해설

	AQ × AP		AQ × SP		SQ × SP
DL	= 364,800	임률차이 9,600 불리	960 × 370 = 355,200	능률차이 14,800 유리	1,000 × 370 = 370,000

답 ③

08

4 고정제조간접원가 차이분석

지금까지 배운 변동제조원가(DM, DL, 변동OH)는 세 줄이 각각 'AQ × AP', 'AQ × SP', 'SQ × SP'이다. 하지만 고정OH는 가운데 줄이 예산액으로 바뀐다.

	왼쪽 줄		가운데 줄		오른쪽 줄
변동원가	AQ × AP	가격차이	AQ × SP	능률차이	SQ × SP
고정OH	실제 발생액	예산차이	고정OH 예산액	조업도차이	SQ × SP

STEP 1 왼쪽 줄 채우기: 실제 발생액

문제에서 실제 발생액을 제시해주는 경우 그 금액을 왼쪽 줄에 채워 넣으면 된다.

STEP 2 가운데 줄 채우기: 예산액

(1) 문제에서 예산액을 제시해주는 경우

일반적으로는 고정OH 예산을 줄 것이다. 그 금액을 가운데 줄에 채워 넣으면 된다.

(2) 문제에서 예산액을 제시해주지 않는 경우

> 고정OH 예산 = SP × 기준조업도

만약 문제에서 예산액을 제시해주지 않는다면 단위당 고정OH에 기준조업도를 곱해서 가운데 줄에 채워 넣자.

STEP 3 오른쪽 줄 채우기: 배부액 계산하기

다음 방식으로 SP와 SQ를 결정하여 곱하면 배부액을 계산할 수 있다.

(1) SP(시간당 고정OH) = 고정OH 예산 ÷ 기준조업도

SP는 고정OH 예산을 기준조업도로 나누어서 계산한다. 기준조업도는 주로 시간(직접노무시간, 기계작업시간 등)으로 제시된다. SP는 고정OH 예산을 기준시간으로 나누어 계산하므로, '시간당 고정OH'와 같은 개념이다.

(2) SQ = 실제생산량 × 단위당 표준 투입시간

173p에서 설명했듯이, SQ는 '실제 생산량 × 단위당 표준 투입량'이다. 고정OH와 관련된 투입요소는 시간이므로 SQ는 시간이 되어야 하며, 실제 생산량에 단위당 표준 투입시간을 곱하면 된다.

STEP 4 차이 계산하기

(1) 예산차이

> 예산차이 = 고정OH 실제발생액 − 고정OH 예산액

예산차이는 고정OH 차이분석표의 왼쪽 줄과 가운데 줄의 차이이다. 실제발생액과 예산의 차이이기 때문에 '예산'차이라고 부른다.

(2) 조업도차이

> 조업도차이 = $\underset{\text{SP × 기준조업도}}{\text{예산액}}$ − SP × SQ = SP × (기준조업도 − SQ)

조업도차이는 고정OH 차이분석표의 가운데 줄과 오른쪽 줄의 차이이다. 기준조업도와 SQ의 차이로 인해 발생하는 차이이므로, '조업도'차이라고 부른다.

예제 고정제조간접원가 차이분석

01 표준원가계산제도를 채택하고 있는 ㈜한국의 2010년 4월의 기준 생산조업도는 50,000 기계작업시간이고, 제조간접원가는 기계작업시간을 기준으로 배부한다. 제품 한 단위당 표준 기계작업시간은 5시간이고, 기계작업시간당 고정제조간접원가는 ₩3으로 제품 단위당 표준고정제조간접원가는 ₩15이다. 2010년 4월 중 제품 9,000개를 생산하였는데 실제 기계작업시간은 44,000시간이었고, 고정제조간접원가 ₩160,000이 발생하였다. 고정제조간접원가의 생산조업도 차이는?

2010. 지방직 9급

① ₩10,000 유리   ② ₩10,000 불리
③ ₩15,000 유리   ④ ₩15,000 불리

● 해설

	실제		예산		SQ × SP
고정OH		예산차이	50,000 × 3 = ①150,000	조업도차이 ④15,000 불리	②45,000 × 3 = ③135,000

문제에 제시된 '기계작업시간당 고정OH ₩3'이 SP를 의미한다. SP는 제품 1단위당 금액이 아니므로, SP 자리에 15를 대입하지 않도록 주의하자.
SQ: 9,000 × 5시간 = 45,000

답 ④

02 ㈜한국은 내부관리 목적으로 표준원가계산시스템을 채택하고 있고, 표준노무시간은 제품 단위당 5시간이다. 제품의 실제생산량은 2,100단위이고 고정제조간접원가 실제발생액은 ₩900,000이다. 이 회사는 고정제조간접원가를 노무시간을 기준으로 배부하며 기준조업 도는 10,000노무시간이다. 고정제조간접원가 예산차이가 ₩100,000 유리하다면 조업도 차이는?

2017. 지방직 9급

① ₩40,000 불리
② ₩40,000 유리
③ ₩50,000 불리
④ ₩50,000 유리

● 해설

	실제		예산		SQ × SP
고정OH	= 900,000	예산차이 100,000 유리	= ①1,000,000	조업도차이 = ⑤50,000 유리	②10,500 × ③100 = ④1,050,000

SQ: 2,100 × 5시간 = 10,500
SP: 1,000,000(예산액) ÷ 10,000(기준조업도) = 100

답 ④

03 (주)한국은 표준원가계산을 적용하고 있으며, 고정제조간접원가 배부율 산정을 위한 기준 조업도는 10,000기계시간, 고정제조간접원가 표준배부율은 기계시간당 ₩50이다. 실제 산출량에 허용된 표준조업도가 12,000기계시간이고, 실제 발생한 고정제조간접원가가 ₩660,000일 때, 고정제조간접원가 조업도차이와 예산차이를 바르게 연결한 것은?

	조업도차이	예산차이
①	₩50,000 유리한 차이	₩110,000 불리한 차이
②	₩50,000 불리한 차이	₩110,000 유리한 차이
③	₩100,000 유리한 차이	₩160,000 불리한 차이
④	₩100,000 불리한 차이	₩160,000 유리한 차이

● 해설

	실제		예산		배부액
고정OH	= 660,000	예산차이 160,000 불리	= 500,000	조업도차이 100,000 유리	12,000 × 50 = 600,000

예산 OH = 표준배부율(SP) × 기준조업도 = 50 × 10,000기계시간 = 500,000

답 ③

COST ACCOUNTING

김용재 코어 공무원 회계학 원가관리회계

개별원가

1 개별원가의 개념

	#101	#102
DM	XXX	XXX
DL	XXX	XXX
OH	XXX	XXX
계	XXX	XXX

개별원가는 조선업, 항공기업과 같이 작업별로 제품이 이질적인 경우 각 작업별로 원가를 집계하는 원가 계산 방법이다. 각 작업별로 원가를 집계해야 하므로 위처럼 작업별 원가를 표시한 표를 그리는데, 이를 작업원가표라고 부른다. 개별원가계산은 OH의 집계 방법에 따라 실제개별원가계산과 정상개별원가계산으로 나뉜다.

2 실제개별원가계산

	#101	#102	합계
DM	실제 발생액	실제 발생액	XXX
DL	실제 발생액	실제 발생액	XXX
OH	배부기준에 따라 배부	배부기준에 따라 배부	실제 발생액
계	XXX	XXX	

1. DM, DL: 실제 발생액

DM과 DL은 개별 작업에 직접 추적 가능하므로 각 작업에서 발생한 실제 원가를 작업원가표에 집계한다.

2. OH: 실제 발생액을 배부기준에 따라 배부

개별원가에서 제조간접원가는 DM, DL과 달리 실제로 발생한 총액을 '배부'한다. DM과 DL은 개별 작업에서 발생한 것이므로 직접 추적이 가능하지만, 제조간접원가는 여러 작업에서 공통적으로 발생한 것이므로 직접 추적이 불가능하기 때문이다. 따라서 문제에서 제시한 배부기준에 따라 제조간접원가의 실제 발생액을 각 작업에 배부하면 된다. 제조간접원가 배부 과정은 다음과 같다.

> (1) 제조간접원가 배부율 = 제조간접원가 실제 발생액 ÷ 총 실제 배부기준 수
> (2) 작업별 제조간접원가 배부액 = 제조간접원가 배부율 X 작업별 실제 배부기준 수

3. 작업원가표에서 미완성된 작업, 완성된 작업, 판매된 작업의 의미

개별원가계산은 작업별로 원가 계산을 하고, 실제 물량 흐름도 작업별로 이루어지므로 작업별 완성 상태나 판매 여부가 다를 수 있다. 문제에서 제시하는 작업의 상태는 다음의 의미를 지닌다.

미완성된 작업	기말 재공품
완성된 작업	당기제품제조원가. 완성된 작업 중 판매된 작업을 제외하면 기말 제품이 된다.
판매된 작업	매출원가

가령, 기말 현재 #101은 미완성되었고, #102와 #103이 완성되어 #103이 판매되었다고 가정하면, 각 작업의 원가는 다음과 같이 분류된다. 개별원가에서 당기제품제조원가를 묻는 경우는 거의 없으므로 재공품, 제품, 매출원가를 중심으로 보면 된다.

#101	#102	#103
기말 재공품	기말 제품	매출원가
	당기제품제조원가	

09

예제 **실제개별원가계산**

01 ㈜태양은 주문에 의한 제품생산을 하고 있는 조선업체이다. 2010년 중에 자동차운반선(갑)과 LNG운반선(을)을 완성하여 주문자에게 인도하였고, 2010년 말 미완성된 컨테이너선(병)이 있다. 갑, 을, 병 이외의 제품주문은 없었다고 가정한다. 다음은 2010년의 실제원가자료이다.

	갑	을	병	합계
기초재공품	₩300	₩400	₩100	₩800
직접재료원가	₩150	₩200	₩160	₩510
직접노무원가	₩60	₩80	₩40	₩180
직접노무시간	200시간	500시간	300시간	1,000시간

2010년에 발생한 총제조간접원가는 ₩1,000이다. ㈜태양은 제조간접원가를 직접노무시간에 따라 배부한다고 할 때, ㈜태양의 2010년 기말재공품원가는? 2010. 지방직 9급

① ₩300　　　　　　　　　　② ₩600
③ ₩800　　　　　　　　　　④ ₩1,000

● 해설

	갑	을	병(재공품)
기초재공품	₩300	₩400	₩100
직접재료원가	₩150	₩200	₩160
직접노무원가	₩60	₩80	₩40
제조간접원가	200	500	300
계	710	1,180	600

└ 매출원가 ┘

• 제조간접원가 배부율: 1,000/1,000시간 = 1
• 병 제조간접원가 배부액: 300시간 × 1 = 300

병은 기말 현재 미완성 상태이므로 재공품이며, 갑, 을은 완성하여 주문자에게 인도하였으므로 두 작업의 원가는 매출원가가 된다.

답 ②

02 가구를 생산하는 ㈜김수석은 개별원가계산을 적용하며, 당기 중 실제 원가자료는 다음과 같다.

	작업 A	작업 B	작업 C	작업 D	합계
기초재공품	₩1,000	₩2,000	₩2,500	–	₩5,500
직접재료원가	₩4,000	₩3,000	₩5,000	₩6,000	₩18,000
직접노무원가	₩4,000	₩6,000	₩7,000	₩3,000	₩20,000

당기 중 작업 A, B, C가 완성되어 작업 A, B를 판매하였으며, 작업 D는 기말 현재 미완성이다. 당기에 발생한 총제조간접원가는 ₩10,000이고, ㈜김수석은 제조간접원가를 직접노무원가에 비례하여 배부한다고 할 때, 기말 제품원가는?

① ₩14,000   ② ₩18,000

③ ₩20,000   ④ ₩25,000

● 해설

	매출원가		제품	재공품
	작업 A	작업 B	작업 C	작업 D
기초재공품	₩1,000	₩2,000	₩2,500	–
직접재료원가	₩4,000	₩3,000	₩5,000	₩6,000
직접노무원가	₩4,000	₩6,000	₩7,000	₩3,000
제조간접원가	₩2,000	₩3,000	₩3,500	₩1,500
계	₩11,000	₩14,000	**₩18,000**	₩10,500

답 ②

3 정상개별원가계산 ★중요!

1. 정상개별원가 풀이법

개별원가 문제는 대부분 실제개별원가계산이 아닌 정상개별원가계산으로 출제된다. 정상개별원가
계산이란 DM과 DL은 실제 발생액을 사용하고, OH는 예정 배부액을 사용하는 개별원가계산이다.
정상개별원가계산은 다음의 5단계로 이루어지며, 'Step 2. 제조간접원가 배부액'까지가 원가를 계
산하는 과정이다. 하지만 예정 배부액은 실제 발생액과 차이가 발생하므로 배부차이를 계산한 뒤
배부차이를 조정하는 과정이 있다.

정상개별원가의 큰 틀은 표준원가와 유사하지만, 완벽히 같지는 않기 때문에 표준원가와 비교하면
서 공부하면 헷갈릴 것이다. 정상개별원가는 지금부터 시키는 대로만 풀면 굉장히 쉽다.

> Step 1. 제조간접원가 예정 배부율
> Step 2. 제조간접원가 배부액
> Step 3. 배부차이
> Step 4. 배부차이 조정
> Step 5. 배부차이 조정 회계처리

대부분의 문제는 Step 3. 배부차이를 묻는 형태로 출제되었으므로 Step 1~Step 3까지는 완벽히
마스터하자.

STEP 1 제조간접원가 예정 배부율 = 예정 제조간접원가 ÷ 예정(기준) 조업도

대부분 문제에서 예정 배부율을 주는 편이지만, 만약 예정 배부율을 주지 않으면 위와 같이 구하
면 된다. 조업도는 시간이 될수도 있고, DM이나 DL 등 원가가 될 수도 있다. 문제의 가정을 따르
면 된다.

STEP 2 제조간접원가 배부액 = 실제 조업도 × 예정 배부율

배부액을 계산할 때에는 '예정(기준)' 조업도를 곱하는 것이 아니라, 실제 조업도를 곱해야 한다는
것을 주의하자. 실수로 예정 조업도를 곱하면 예정 제조간접원가가 계산된다. 실제조업도는 문제
에서 직접 제시하므로 별도로 계산할 필요 없이 갖다 쓰기만 하면 된다.

STEP 3 배부차이=배부액-실제 제조간접원가

(1) 배부액〉실제 발생액: 과대 배부
(2) 배부액〈실제 발생액: 과소 배부

예제 | **정상개별원가계산**

01 ㈜한국은 정상(예정)개별원가계산을 적용하며, 기계시간을 기준으로 제조간접원가를 예정 배부한다. 20X1년 예정기계시간이 10,000시간이고 원가 예산이 다음과 같을 때, 제조간 접원가 예정배부율은? *2021. 국가직 9급*

항목	금액
직접재료원가	₩25,000
간접재료원가	₩5,000
직접노무원가	₩32,000
공장건물 임차료	₩20,000
공장설비 감가상각비	₩7,000
판매직원 급여	₩18,000
공장설비 보험료	₩13,000
광고선전비	₩5,000

① ₩4/기계시간 ② ₩4.5/기계시간
③ ₩7.2/기계시간 ④ ₩10.2/기계시간

● 해설

총 제조간접원가 예산: 5,000 + 20,000 + 7,000 + 13,000 = 45,000
제조간접원가 예정배부율: 45,000/10,000시간 = 4.5/시간
– 제조간접원가 계산 시 간접재료원가를 누락하지 않도록 주의하자.

답 ②

02 다음의 개별원가계산 자료에 의한 당기총제조원가는?   2013. 국가직 9급

> - 직접재료원가는 ₩3,000이며 직접노동시간은 30시간이고 기계시간은 100시간이다.
> - 직접노무원가의 임률은 직접노동시간당 ₩12이다.
> - 회사는 기계시간을 기준으로 제조간접원가를 배부한다.
> - 제조간접원가 예정배부율이 기계시간당 ₩11이다.

① ₩4,460   ② ₩4,530

③ ₩4,600   ④ ₩4,670

● 해설

DM		= 3,000
DL	30직접노동시간 × 12	= 360
OH	100기계시간 × 11	= 1,100
계		4,460

DL과 OH의 배부율과 함께, DL과 OH를 배부할 시간을 제시했기 때문에 시간에 배부율을 곱하면 DL과 OH를 각각 구할 수 있다.

답 ①

---

03 ㈜한국은 직접노동시간을 기준으로 제조간접비를 예정배부하고 있다. 당기의 제조간접비 예산은 ₩500,000이고, 예상되는 직접노동시간은 1,000시간이다. 당기 제조간접비 실제 발생액은 ₩530,000이고 실제 직접노동시간은 1,100시간일 때, 제조간접비의 과소 또는 과대배부액은?   2011. 지방직 9급

① ₩20,000 과대배부   ② ₩20,000 과소배부

③ ₩30,000 과대배부   ④ ₩30,000 과소배부

● 해설

- 제조간접비 예정배부율: 500,000/1,000 = 500/직접노동시간
- 제조간접비 배부액: 500 × 1,100 = 550,000
- 배부차이: 550,000 − 530,000 = **20,000 과대배부**

답 ①

04 ㈜한국은 정상개별원가계산을 적용하고 있으며, 직접노무시간을 기준으로 제조간접원가를 예정배부하고 있다. 다음 자료를 이용할 경우, 당기 말 제조간접원가 과소 또는 과대 배부액은?

2022. 국가직 9급

- 제조간접원가 예산 ₩130,000
- 예상 직접노무시간 10,000시간
- 실제 제조간접원가 발생액 ₩120,000
- 실제 직접노무시간 9,000시간

① 과소배부 ₩3,000 　　　　② 과대배부 ₩3,000

③ 과소배부 ₩10,000 　　　　④ 과대배부 ₩10,000

> **해설**
>
> (1) OH 예정배부율 : 130,000/10,000 = 13/직접노무시간
> (2) OH 배부액 : 13 × 9,000 = 117,000
> (3) 배부차이 : 117,000 − 120,000 = 3,000 과소배부
>
> 답 ①

05 ㈜한국은 정상개별원가계산제도를 적용하고 있다. ㈜한국의 제조간접원가의 배부기준은 기계가동시간이며, 2011년 제조간접원가 예산은 ₩400,000이고, 기계가동 예상시간은 40,000시간이었다. 2011년 8월 작업별 기계가동시간은 다음과 같다.

	#201	#202	합계
기계가동시간	1,200	2,000	3,200

2011년 8월 제조간접원가 실제발생액이 ₩34,000일 때, 제조간접원가 배부차이는?

2012. 지방직 9급

① ₩2,000 과소배부 　　　　② ₩2,000 과대배부

③ ₩32,000 과소배부 　　　　④ ₩32,000 과대배부

> **해설**
>
> - OH 예정배부율: 400,000/40,000 = 10
> - OH 배부액: 3,200 × 10 = 32,000
> - 배부차이: 32,000 − 34,000 = (−)2,000 과소배부
>
> 답 ①

06 ㈜한국은 정상개별원가계산을 사용하고 있으며, 제조간접원가는 직접재료원가를 기준으로 배부하고 있다. 2016년 말 ㈜한국의 제조간접원가 과대 또는 과소배부액은? 2016. 지방직 9급

	2016년도 예산	2016년도 실제 발생액
직접재료원가	₩2,000,000	₩3,000,000
직접노무원가	₩1,500,000	₩2,200,000
제조간접원가	₩3,000,000	₩4,550,000

① 과대배부액 ₩150,000　　　　② 과대배부액 ₩50,000

③ 과소배부액 ₩150,000　　　　④ 과소배부액 ₩50,000

● 해설

- OH 예정배부율: 3,000,000/2,000,000 = 1.5
- OH 배부액: 3,000,000 × 1.5 = 4,500,000
- 배부차이: 4,500,000 − 4,550,000 = (−)50,000 과소배부

답 ④

07 ㈜서울은 제조간접원가를 기계작업시간을 기준으로 예정 배부한다. 다음 자료를 기초로 제조간접원가 실제발생액을 구하면 얼마인가? 2015. 서울시 9급

- 제조간접원가 예산 ₩200,000
- 예정조업도 100,000시간
- 실제조업도 80,000시간
- 제조간접원가 배부차이 ₩20,000(과소)

① ₩140,000　　　　② ₩160,000

③ ₩180,000　　　　④ ₩200,000

● 해설

- 제조간접원가 예정배부율: 200,000/100,000기계작업시간 = 2/기계작업시간
- 제조간접원가 배부액: 80,000시간 × 2 = 160,000
- 실제발생액: 160,000 + 20,000 = 180,000
배부차이가 과소 배부이므로 배부액에 20,000을 가산해야 실제발생액을 계산할 수 있다.

답 ③

08 ㈜한국은 직접노동시간을 기준으로 제조간접원가를 예정배부하고 있다. 2012년 제조간접원가와 관련된 다음 자료를 이용하여 계산한 정상조업도는?

2012. 국가직 9급

> • 제조간접원가 예산액: ₩30,000
> • 실제조업도(직접노동시간) : 200시간
> • 제조간접원가 실제발생액: ₩22,000
> • 제조간접원가 배부차이: 과대배부 ₩2,000

① 100시간   ② 150시간
③ 200시간   ④ 250시간

● **해설**

• OH 배부액: 22,000 + 2,000 = 24,000
• OH 예정배부율: 24,000/200 = 120/시간
• 정상조업도 = 30,000/120 = **250시간**
문제에 등장한 '정상'조업도는 '기준'조업도와 같은 의미로 사용되었다.

답 ④

STEP 4 배부차이 조정

Step 3에서 구한 배부차이를 조정해야 한다. 배부차이 조정 방법은 매출원가 조정법, 총원가비례법, 원가요소법 세 가지가 있다. 공무원 회계학에서 대부분은 매출원가 조정법으로 제시되었으며, 총원가비례법이 간혹 출제되었다. 원가요소법은 출제될 가능성이 가장 낮다.

(1) 매출원가 조정법: 배부차이를 전부 매출원가에 반영

(2) 총원가비례법 vs 원가요소법 심화

총원가비례법	원가요소법
배부차이를 재공품, 제품, 매출원가에 집계된 총원가의 비율에 따라 조정.	배부차이를 재공품, 제품, 매출원가에 집계된 제조간접원가의 비율에 따라 조정.
실제원가계산을 적용한 것과 '유사한' 결과	실제원가계산을 적용한 것과 '동일한' 결과

09

예제 | **총원가비례법과 원가요소법**

01 ㈜김수석은 정상개별원가계산을 채택하고 있으며, 다음의 원가 자료는 제조간접원가를 예정 배부한 것이다. 당기 중 작업 #102, #103이 완성되어 작업 #103을 판매하였으며, 작업 #101는 기말 현재 미완성이다. 당기에 발생한 제조간접원가는 ₩15,000일 때, 총원가비례법과 원가요소법으로 배부차이를 조정하시오.

	#101	#102	#103	합계
직접재료원가	₩13,000	₩6,000	₩1,000	₩20,000
직접노무원가	₩8,000	₩6,000	₩6,000	₩20,000
제조간접원가	₩4,000	₩3,000	₩3,000	₩10,000
계	₩25,000	₩15,000	₩10,000	₩50,000

● **해설**

(1) 총원가 비례법

	#101(재공품)	#102(제품)	#103(매출원가)	합계
직접재료원가	₩13,000	₩6,000	₩1,000	₩20,000
직접노무원가	₩8,000	₩6,000	₩6,000	₩20,000
제조간접원가	₩4,000	₩3,000	₩3,000	₩10,000
조정 전	₩25,000	₩15,000	₩10,000	₩50,000
배부차이	2,500	1,500	1,000	5,000 과소배부
조정 후	27,500	16,500	11,000	55,000

총원가 비례법은 재공품, 제품, 매출원가의 **총원가의 비율**에 따라 배부차이를 반영한다. 총원가에는 OH 뿐만 아니라 DM, DL까지 모두 포함되어 있다. 배부차이는 OH로 인해 발생하는데 DM, DL까지 포함한 총원가의 비율로 배부차이를 안분하므로 실제원가계산을 적용한 것과 유사한 결과를 가져오지만, 다소 부정확하다.

(2) 원가요소법

	#101(재공품)	#102(제품)	#103(매출원가)	합계
직접재료원가	₩13,000	₩6,000	₩1,000	₩20,000
직접노무원가	₩8,000	₩6,000	₩6,000	₩20,000
제조간접원가	₩4,000	₩3,000	₩3,000	₩10,000
조정 전	₩25,000	₩15,000	₩10,000	₩50,000
배부차이	2,000	1,500	1,500	5,000 과소배부
조정 후	27,000	16,500	11,500	55,000

원가요소법은 재공품, 제품, 매출원가에 집계된 **제조간접원가의 비율**에 따라 배부차이를 반영한다. 배부차이는 OH로 인해 발생하는데 배부차이의 원인인 OH의 비율로 배부차이를 안분하므로 **실제원가계산을 적용한 것과 동일한 결과를 가져온다.**

예제 정상개별원가계산 - 배부차이 조정

01 새롭게 사업을 시작한 ㈜서울은 직접노무시간 기준으로 제조간접비를 예정배부하는 정상개별원가계산을 사용하며, 제조간접원가 배부차이는 전액 매출원가에 배분한다. ㈜서울은 당기에 두 개의 작업 #101과 #102를 수행하여 #101은 완성하여 판매하였으며, #102는 완성되지 않았다. 관련 자료가 다음과 같을 때, 정상개별원가계산을 적용한 경우와 비교하여 실제개별원가계산의 당기영업이익은 얼마나 변화하는가?   2017. 서울시 9급 수정

	#101	#102
실제 직접노무시간	200시간	200시간
제조간접원가 예상	₩300,000	
예정조업도	300시간	
실제제조간접원가	₩450,000	

① ₩25,000 증가   ② ₩25,000 감소
③ ₩50,000 증가   ④ ₩50,000 감소

● 해설

(1) 실제개별원가

	#101(매출원가)	#102(재공품)
제조간접원가 배부액	450,000 × 1/2 = **225,000**	450,000 × 1/2 = 225,000

(2) 정상개별원가

	#101(매출원가)	#102(재공품)
제조간접원가 배부액	200 × 1,000 = 200,000	200 × 1,000 = 200,000
배부차이	50,000	–
조정 후 제조간접원가	**250,000**	200,000

• 제조간접원가 예정배부율: 300,000/300시간 = 1,000/직접노무시간
• 제조간접원가 배부차이: 450,000 − 400,000 = 50,000 과소배부
• 회사는 매출원가 조정법을 적용하므로 50,000을 전부 매출원가에 배부한다.
• 정상개별원가에 비해 실제개별원가의 매출원가가 25,000 작기 때문에 당기영업이익은 25,000 증가한다.

📖 ①

02 정상개별원가계산을 적용하는 ㈜대한은 제조간접원가를 예정 배부하며, 예정배부율은 직접노무원가의 50%이다. 제조간접원가의 배부차이는 매기말 매출원가에서 전액 조정한다. 당기에 실제 발생한 직접재료원가는 ₩24,000이며, 직접노무원가는 ₩16,000이다. 기초재공품은 ₩5,600이며, 기말재공품에는 직접재료원가 ₩1,200과 제조간접원가 배부액 ₩1,500이 포함되어 있다. 또한 기초제품은 ₩4,700이며 기말제품은 ₩8,000이다. 제조간접원가 배부차이를 조정한 매출원가가 ₩49,400이라면 당기에 발생한 실제 제조간접원가는?

2014. 지방직 9급 **심화**

① ₩8,000   ② ₩10,140

③ ₩12,800   ④ ₩13,140

● **해설**

	가산		차감		
제조원가	DM DL OH	24,000 16,000 ②12,800			
재공품	기초	5,600	기말	①5,700	
제품	기초	4,700	기말	8,000	┘ 매출원가: 49,400

제조간접원가의 예정배부율이 직접노무원가의 50%이므로 기말 재공품에 포함된 직접노무원가는 다음과 같이 구할 수 있다.
• 기말 재공품의 DL: 1,500 × 2 = 3,000
• ①기말 재공품원가 = 1,200(DM) + 3,000(DL) + 1,500(OH) = 5,700
매출원가가 배부차이 조정 후의 상태이므로 위의 표를 그리면 제조간접원가도 실제 발생액으로 계산된다.

참고 배부차이 조정 전

	가산		차감		
제조원가	DM DL OH	24,000 16,000 ①8,000			
재공품	기초	5,600	기말	5,700	
제품	기초	4,700	기말	8,000	┘ 매출원가: ②44,600

① OH 배부액: 16,000 × 50% = 8,000
② 매출원가 = 44,600
  배부차이: 49,400 − 44,600 = 4,800 과소배부
  OH 실제 발생액: 8,000 + 4,800 = 12,800

目 ③

03 다음의 자료는 ㈜한강의 2010년 3월의 재공품계정 차변 내용의 일부이다.

기초재공품	₩6,000
직접재료원가	12,000
직접노무원가	8,000

한편, ㈜한강의 당기제품제조원가는 ₩24,000이고, 기말 현재 미완성인 작업은 #10이며, 기말재공품에는 직접노무원가가 ₩1,000 포함되어 있다. ㈜한강은 제조간접원가를 직접노무원가의 50%의 비율로 예정배부하고 있다. 기말재공품에 포함되어 있는 직접재료원가는? (단, 제조간접원가의 배부차이는 매출원가에서 조정한다) 2010. 국가직 9급

① ₩500   ② ₩1,000

③ ₩4,500   ④ ₩5,000

● 해설

	가산		차감		
제조원가	DM DL OH	12,000 8,000 ①4,000			
재공품	기초	6,000	기말	②6,000	┐ 당기제품제조원가: 24,000
제품	기초		기말		┘ 매출원가

'재공품계정 차변'에 적힌 DM과 DL은 당기에 발생한 DM과 DL을 의미한다. 이해가 되지 않는다면 24p 재공품 원장을 참고하자.
① OH: 8,000(DL) × 50% = 4,000
② 기말 재공품: 12,000 + 8,000 + 4,000 + 6,000 − 24,000 = 6,000

	재공품
직접재료원가	④4,500
직접노무원가	1,000
제조간접원가	③500
계	②6,000

③ 기말 재공품에 포함된 OH: 1,000 × 50% = 500
④ 기말 재공품에 포함된 DL: 6,000 − 1,000 − 500 = 4,500

답 ③

04 ㈜한국은 정상개별원가계산을 채택하고 있으며, 당기에 발생한 제조간접원가의 배부차이는 ₩9,000(과대배부)이다. 다음의 원가 자료를 이용하여 총원가비례법으로 배부차이를 조정하는 경우 조정 후의 매출원가는?　　2015. 지방직 9급 심화

기말재공품: ₩20,000	기말제품: ₩30,000	매출원가: ₩450,000

① ₩441,000　　　　　　　　　　② ₩441,900

③ ₩458,100　　　　　　　　　　④ ₩459,000

● 해설

	재공품	제품	매출원가	계
배부 전	20,000	30,000	450,000	500,000
배부	(360)	(540)	(8,100)	(9,000)
배부 후			441,900	

매출원가 배부액: 9,000 × 450,000/500,000 = 8,100

답 ②

STEP 5 배부차이 조정 회계처리

총원가비례법 혹은 원가요소법을 가정하고 배부차이 조정 회계처리를 해보았다. 매출원가 조정법을 적용한다면 재공품과 제품에 배부되는 금액 없이 전부 매출원가에서 조정한다.

(1) 과소배부: OH 차변 잔액, 대변 제거

(차) 재공품	XXX	(대) 제조간접원가	배부차이
제품	XXX		
매출원가	XXX		

(2) 과대배부: OH 대변 잔액, 차변 제거

(차) 제조간접원가	배부차이	(대) 재공품	XXX
		제품	XXX
		매출원가	XXX

 **배부차이 조정 회계처리**

왜 과소배부이면 배부차이 조정 회계처리에서 제조간접원가가 대변에 있고, 과대배부이면 그 반대일까?
예제 1번의 사례를 이용해서 이해해 보자. 원가요소법으로 배부차이를 조정한다고 가정한다.

비용 발생 시	(차) 제조간접원가	15,000	(대) 현금	15,000
예정 배부	(차) 재공품 제품 매출원가	4,000 3,000 3,000	(대) 제조간접원가	10,000
배부차이 조정	(차) 재공품 제품 매출원가	2,000 1,500 1,500	(대) 제조간접원가	5,000

(1) 비용 발생 시: 실제 발생액 15,000만큼 현금이 지출되면서 제조간접원가가 동액만큼 증가한다.
(2) 예정 배부: 정상개별원가는 예정 배부율을 사용하여 OH를 배부하므로 실제 발생액과 차이가 발생할 수 있다. 예정 배부액이 10,000이므로 OH 중 10,000만 배부된다.
(3) 배부차이 조정: OH는 차변에 총 15,000이 계상되었는데, 10,000만 대변으로 제거되었으므로 5,000은 차변에 그대로 남는다. 따라서 이를 제거하기 위해서는 대변에 5,000을 더 계상해주어야 한다.
　　과대배부였다면 똑같은 논리로 대변 잔액이 남았을 것이며, 배부차이 조정 시에는 차변에 계상해주어야 한다.

예제 **정상개별원가계산 - 배부차이 조정 회계처리**

05 ㈜한국은 개별원가계산제도를 사용하고 있으며 직접노무비를 기준으로 제조간접비를 예정배부하고 있다. 2013년 6월의 제조원가 관련 정보가 다음과 같을 때, 과소 또는 과대 배부된 제조간접비에 대한 수정분개로 옳은 것은? (단, 과소 또는 과대 배부된 금액은 매출원가로 조정한다) 2013. 지방직 9급

- 직접노무비와 제조간접비에 대한 예산은 각각 ₩200,000과 ₩250,000이다.
- 직접재료비 ₩520,000과 직접노무비 ₩180,000이 발생되었다.
- 실제 발생한 총제조간접비는 ₩233,000이다.

	차변		대변	
①	제조간접비	8,000	매출원가	8,000
②	매출원가	8,000	제조간접비	8,000
③	매출원가	17,000	제조간접비	17,000
④	제조간접비	17,000	매출원가	17,000

해설

Step 1. 제조간접원가 예정 배부율 = 예정 제조간접원가÷예정(기준) 조업도
  OH 예정배부율: 250,000/200,000 = 1.25
Step 2. 제조간접원가 배부액 = 실제 조업도 × 예정 배부율
  OH 배부액: 180,000 × 1.25 = 225,000
Step 3. **배부차이 = 배부액 − 실제 제조간접원가**
  배부차이: 225,000 − 233,000 = (−)8,000 과소배부
Step 4. 배부차이 조정
  배부차이를 매출원가로 조정하므로 과소배부된 OH 8,000을 매출원가에 반영한다.

참고 회계처리

비용 발생 시	(차) 제조간접원가	233,000	(대) 현금	233,000
예정 배부	(차) 재공품 　　　제품 　　　매출원가	225,000	(대) 제조간접원가	225,000
배부차이 조정	(차) 매출원가	8,000	(대) 제조간접원가	8,000

답 ②

정상개별원가계산 말문제

06 정상개별원가계산을 적용하는 경우 발생할 수 있는 제조간접원가 배부차이에 대한 설명 중 옳지 않은 것은? 2021. 지방직 9급

① 제조간접원가 배부차이는 회계기간 중에 배분된 제조간접원가 예정배부액과 회계기말에 집계된 제조간접원가 실제발생액의 차이로 발생한다.

② 원가요소별 비례배분법은 기말의 재공품, 제품 및 매출원가에 포함되어 있는 제조간접원가 실제배부액의 비율에 따라 제조간접원가 배부차이를 조정한다.

③ 제조간접원가 배부시 실제배부율은 사후적으로 계산되지만, 예정배부율은 기초에 사전적으로 계산된다.

④ 제조간접원가 과대배부액을 매출원가조정법에 의해 회계처리하는 경우, 매출원가가 감소하게 되므로 이익이 증가하는 효과가 있다.

● **해설**

원가요소별 비례배분법은 제조간접원가 실제배부액이 아닌 '예정배부액'의 비율에 따라 배부차이를 조정한다. 정상개별원가계산 시 예정배부율을 이용하여 예정배부한 뒤, 배부차이를 조정하므로 배부차이 조정 전에는 실제배부액이라는 개념 자체가 없다. 제조간접원가가 실제 발생액으로 배부되었다면 배부차이 자체가 존재하지 않는다.

④ 제조간접원가를 과대배부한 경우 매출원가가 과대계상되어 있으므로 배부차이를 매출원가에서 조정하면 매출원가가 감소한다. 비용이 감소하였으므로 이익은 증가한다.

답 ②

COST ACCOUNTING

김용재 코어 공무원 회계학 원가관리회계

이 장의 출제 뽀인트!

① 활동기준원가계산

활동기준원가는 다른 장에 비해 출제 빈도가 높지 않은 장이지만, 내용이 상당히 간단하므로 간단히 보고 넘어가자. 활동기준원가도 다른 주제와 마찬가지로 계산문제의 비중이 높지만, 활동기준원가의 특징을 묻는 말문제도 종종 출제된다.

10

활동기준원가

활동기준원가

1 활동기준원가

활동기준원가계산(ABC, Activity - Based Costing)이란 원가를 활동별로 집계한 뒤, 각 제품이 소비한 활동량에 따라 원가를 배부하는 계산방식이다.

ABC의 원가 집계 과정은 위 그림처럼 진행되며, '활동은 자원을 소비하고, 제품은 활동을 소비한다.'라고 표현한다. 제품이 자원을 직접 소비하는 것이 아니라 원가를 우선은 활동에 집계한 뒤, 각 제품별로 활동 소비량에 따라 원가를 배부하기 때문이다.

활동기준원가계산은 실제개별원가계산의 제조간접원가 배부 과정과 같다. 활동별 원가 배부율을 구한 뒤, 원가 동인 수에 비례하여 배부액을 계산한다.

STEP 1 활동별 원가 배부율 = 활동별 원가 ÷ 전체 원가 동인 수

원가 동인이란 원가가 발생하는 원인을 의미한다. 활동별 원가를 그 활동과 관련된 전체 원가 동인 수로 나누어 활동별 원가 배부율을 계산한다.

STEP 2 제품별 원가 배부액 = 활동별 원가 배부율 × 제품별 원가 동인 수

활동별 원가 배부율에 각 제품별로 발생한 원가 동인 수를 곱하여 제품별로 배부할 원가를 계산한다.

 ABC 빠른 계산법

Step 2에 있는 제조간접원가 배부율에 Step 1의 식을 대입하면 다음과 같은 식이 도출된다.

> 제품별 원가 배부액 = 활동별 원가 × 제품별 원가 동인 수/전체 원가 동인 수

ABC는 활동별 원가를 원가 동인에 비례하게 각 제품에 배부하면 끝이다. Step 1, 2를 나누지 말고 위 식을 이용하여 한 번에 구할 것을 추천한다.

예제 **활동기준원가**

01 활동기준원가계산을 적용하는 ㈜대한은 다음과 같은 활동별 관련 자료를 입수하였다. 생산 제품 중 하나인 제품 Z에 대해 당기 중에 발생한 기초원가는 ₩50,000, 생산준비횟수는 10 회, 기계사용시간은 20시간, 검사수행횟수가 10회일 때, 제품 Z의 총원가는? 2012. 지방직 9급

활동	원가동인	최대활동량	총원가
생산준비	생산준비횟수	100회	₩100,000
기계사용	기계사용시간	300시간	600,000
품질검사	검사수행횟수	200회	80,000

① ₩54,000 ② ₩90,000 ③ ₩102,000 ④ ₩104,000

해설

Step 1. 제조간접원가 배부율 = 제조간접원가÷원가 동인 수
   생산준비: 100,000/100회 = 1,000/생산준비횟수
   기계사용: 600,000/300시간 = 2,000/기계사용시간
   품질검사: 80,000/200회 = 400/검사수행횟수
Step 2. 제품별 제조간접원가 배부액 = 제품별 원가 동인 수 × 제조간접원가 배부율

구분		제품 Z	빠른 풀이법
기초원가		₩50,000	₩50,000
제조간접원가	생산준비	1,000 × 10 = 10,000	100,000 × 10/100 = 10,000
	기계사용	2,000 × 20 = 40,000	600,000 × 20/300 = 40,000
	품질검사	400 × 10 = 4,000	80,000 × 10/200 = 4,000
총원가		104,000	104,000

Step 1, 2를 나누지 말고 오른쪽의 빠른 풀이법처럼 한 번에 총원가를 구할 것을 추천한다.

답 ④

02 ㈜한국은 보급형과 고급형 두 가지 모델의 제품을 생산·판매하고, 제조간접원가 배부를 위해 활동기준원가계산을 적용한다. ㈜한국은 당기에 보급형 800개, 고급형 100개를 생산·판매하였으며, 제조원가 산정을 위한 자료는 다음과 같다. ㈜한국의 고급형 모델의 단위당 제조원가는? (단, 기초재고와 기말재고는 없다)

2019. 지방직 9급

구분		보급형	고급형
직접재료원가		₩32,000	₩5,000
직접노무원가		24,000	3,500
제조간접원가	작업준비	₩6,000	
	제품검사	9,000	
	합계	₩15,000	

활동	원가동인	활동사용량		
		보급형	고급형	계
작업준비	준비횟수	20회	10회	30회
제품검사	검사시간	100시간	100시간	200시간

① ₩100   ② ₩120
③ ₩135   ④ ₩150

● 해설

구분		보급형	고급형
직접재료원가		₩32,000	₩5,000
직접노무원가		24,000	3,500
제조간접원가	작업준비	6,000 × 20/30 = 4,000	6,000 × 10/30 = 2,000
	제품검사	9,000 × 1/2 = 4,500	9,000 × 1/2 = 4,500
총원가		64,500	15,000
생산 및 판매량		800	100
단위당 제조원가		80.625	150

이 문제는 '고급형'의 단위당 제조원가를 물었으므로 보급형은 계산할 필요가 없었다.

답 ④

03 ㈜한국은 가공원가에 대해 활동기준원가계산을 적용하고 있다. 회사의 생산활동, 활동별 배부기준, 가공원가 배부율은 다음과 같다.

생산활동	활동별 배부기준	가공원가 배부율	
기계작업	기계작업시간	기계작업시간당	₩10
조립작업	부품수	부품 1개당	₩6

당기에 완성된 제품은 총 100단위이고, 총직접재료원가는 ₩6,000이다. 제품 1단위를 생산하기 위해서는 4시간의 기계작업시간이 소요되고 5개 부품이 필요하다. 당기에 생산된 제품 100단위를 단위당 ₩200에 모두 판매가 가능하다고 할 때, 매출총이익은?   2020. 지방직 9급

① ₩7,000   ② ₩9,000
③ ₩11,000   ④ ₩13,000

● 해설

구분		보급형
직접재료원가		₩6,000
가공원가	기계작업	4시간 × ₩10 × 100단위 = 4,000
	조립작업	5개 × ₩6 × 100단위 = 3,000
총원가		13,000

매출총이익: 100단위 × @200 – 13,000 = 7,000

답 ①

04 ㈜서울은 두 종류의 제품 A, B를 생산하고 있다. 회사는 활동기준원가계산에 의하여 제품 원가를 계산하고 있으며, 회사의 활동 및 활동별 제조간접원가 자료는 다음과 같다. 제품 A를 100개 생산하기 위한 직접재료원가가 ₩30,000, 직접노무원가가 ₩10,000이며, 재료의 가공을 위해 소요된 기계작업은 500시간, 조립작업은 200시간이다. 이렇게 생산한 제품 A의 단위당 판매가격이 ₩700이고, 매출총이익 ₩20,000을 달성하였다면, 제품 A의 제조를 위한 생산준비 횟수는 몇 회인가? (단, 기초재고자산과 기말재고자산은 없다고 가정한다)

2017. 서울시 9급

구분	원가동인	단위당 배부액
생산준비	생산준비횟수	₩50
기계작업	기계시간	₩15
조립작업	조립시간	₩10

① 8회   ② 10회

③ 12회   ④ 14회

● **해설**

목표 매출원가: 100개 × @700 − 20,000 = 50,000
– 기초재고자산과 기말재고자산은 없다고 가정하였으므로, 판매량은 생산량과 일치하며, 매출원가와 제조원가는 일치한다.
목표 OH: 50,000 − 30,000(DM) − 10,000(DL) = 10,000

생산준비원가	50 × ②10회 = ①500
기계작업원가	15 × 500시간 = 7,500
조립작업원가	10 × 200시간 = 2,000
목표 OH	10,000

답 ②

2 활동기준원가의 특징: 고성능, 고비용

활동기준원가는 정확하지만, 동시에 어렵다는 특징을 지닌다. 쉽게 기억하기 위해서 '고성능, 고비용'이라고 외우자.

(1) 장점: 원가계산 정확성이 높음

기존의 전통적 원가계산은 생산량(조업도)에 따라 OH를 배부하므로 원가 왜곡이 크다. 제품별로 실제 원가가 다름에도 불구하고 1/N로 원가를 배부받기 때문이다. ABC는 각 제품이 실제로 소비한 활동에 비례하여 원가를 배부하므로 정확한 원가계산이 가능하다.

(2) 단점: 많은 시간과 비용 소요

ABC를 도입하기 위해서는 활동을 분석하고, 각 제품이 소비하는 활동량을 집계하는 시스템이 필요하다. 따라서 전통적 원가계산에 비해 적용이 어렵고, 많은 시간과 비용이 소요된다.

(3) 다품종 소량 생산을 할수록 ABC 도입의 실익이 커짐

다품종 소량 생산을 할수록 ABC 도입의 실익이 커진다. 다양한 품종을 소량씩 생산하면 제품별 원가의 편차는 커지므로, ABC 도입 시 원가를 보다 정확하게 집계할 수 있다. 예를 들어, 다양한 메뉴를 파는 김밥집과, 돈까스 하나만 단일 메뉴로 파는 돈까스집이 있다고 쳐보자. 돈까스집의 경우 모든 원가가 돈까스 원가로 집계되므로 활동을 분석할 필요가 없다. 하지만 김밥집의 경우 제품이 다양하기 때문에 활동별 원가를 분석하면 각 제품의 원가를 정확히 집계할 수 있다. '김밥집에 ABC가 필요하다.'라고 외우자.

10

예제   활동기준원가의 특징

01   ㈜한국은 제품 A와 제품 B를 생산하고 있으며, 최근 최고경영자는 활동기준원가계산제도의 도입을 검토하고 있다. 활동기준원가계산 관점에서 분석한 결과가 다음과 같을 때, 옳지 않은 것은?

2017. 국가직 9급

활동	제조간접비	원가동인	제품 A	제품 B
제품설계	₩400	부품 수	2개	2개
생산준비	₩600	준비횟수	1회	5회

① 제품설계활동의 원가동인은 부품 수, 생산준비활동의 원가동인은 준비횟수이다.

② 활동기준원가계산 하에서 제품 A에 배부되는 제조간접비는 ₩300, 제품 B에 배부되는 제조간접비는 ₩700이다.

③ 만약 ㈜한국의 제품종류가 더 다양해지고 각 제품별 생산 수량이 줄어든다면 활동기준원가계산제도를 도입할 실익이 없다.

④ 기존의 제품별 원가와 이익수치가 비현실적이어서 원가계산의 왜곡이 의심되는 상황이면 활동기준원가계산제도의 도입을 적극 고려해 볼 수 있다.

● 해설

② 제품별 제조간접비 배부액

활동	제품 A	제품 B
제품설계	200	200
생산준비	100	500
계	300	700

③ 만약 제품종류가 더 다양해지고 각 제품별 생산 수량이 줄어든다면 활동기준원가계산제도의 실익이 커진다.

답 ③

02 활동기준원가계산(ABC)에 대한 다음의 설명 중 가장 옳지 않은 것은?　　2015. 서울시 9급

① 공정의 자동화로 인한 제조간접원가의 비중이 커지고 합리적인 원가배부기준을 마련하기 위한 필요에 의해 도입되었다.

② 발생하는 원가의 대부분이 하나의 원가동인에 의해 설명이 되는 경우에는 ABC의 도입효과가 크게 나타날 수 없다.

③ 활동별로 원가를 계산하는 ABC를 활용함으로써 재무제표 정보의 정확성과 신속한 작성이 가능해지게 되었다.

④ ABC의 원가정보를 활용함으로써 보다 적정한 가격결정을 할 수 있다.

● 해설

ABC 활용 시 재무제표 정보의 정확성은 제고되지만, 신속한 작성은 어려워진다. 원가집계의 과정이 복잡해지기 때문이다.

정답 ③

COST ACCOUNTING

김용재 코어 공무원 회계학 원가관리회계

기타 관리회계

11

기타 관리회계

▶▶ 김용재 코어 공무원 회계학 원가관리회계

1 관련원가

관련원가란, 고려하는 대안 간 차이가 나는 원가로, 특정 의사결정과 관련이 있는 원가를 의미한다. 반면, 특정 의사결정과 관련이 없는 원가는 비관련원가라고 부른다. 관련원가는 특별주문 의사결정 위주로 출제된다.

1. 기회원가(= 기회비용)

특정 대안을 선택하기 위해 포기해야 하는 순이익 중 가장 큰 것. 기회원가는 회계상으로 인식하는 비용은 아니지만 이익을 포기하는 것이므로 의사결정 시 고려하는 관련원가에 해당한다.

2. 매몰원가(= 매몰비용)

현재 의사결정과 무관하게 과거에 이미 발생한 비용. 매몰원가는 현재 의사결정과 무관하게 고정된 비용이므로 의사결정 시 고려하지 않는 비관련원가에 해당한다.

예제   관련원가 - 기회원가

01 ㈜한국은 화재로 인하여 ₩60,000에 상당하는 재고자산이 파손되었다. 파손된 재고자산은 ₩40,000에 처분하거나, 혹은 ₩20,000의 수선비를 지출하여 수선을 하면 ₩70,000에 처분할 수 있다. 그러나 ㈜한국의 생산부장은 위의 파손된 재고자산을 생산과정에 재투입하여 재가공하기로 하였다. ㈜한국의 파손된 재고자산의 재가공에 따른 기회비용은?

2010. 국가직 9급

① ₩60,000   ② ₩50,000

③ ₩40,000   ④ ₩20,000

> **●해설**
>
> 기회비용은 포기하는 이익 중 가장 큰 것이므로, 기회비용은 50,000이다.
> (1) 즉시 처분 시 이익: 40,000
> (2) 수선하여 처분 시 이익: 70,000 – 20,000 = 50,000
> 여기서 재고자산 파손액인 60,000은 매몰비용에 해당한다. 의사결정은 1)바로 처분, 2)수선 후 처분, 3)
> 재투입 중 하나를 고르는 것이다. 재고자산 파손은 이미 발생한 것으로, 의사결정을 통해 되돌릴 수 없다.
> 매몰비용 60,000은 비관련원가로, 의사결정 시 고려해서는 안 된다.
>
> ②

3. 특별주문 풀이법

특별주문이란, 신규 고객으로부터 제품 주문이 들어왔을 때 해당 주문을 받을지, 말지를 결정하는
문제이다. 특별주문 문제의 풀이법은 다음과 같다.

특별주문의 공헌이익	특별주문량 × 특별주문의 단위당 공헌이익
– 고정원가 변화	고정원가 증가액
– 기회비용	기존 주문 감소량 × 기존 주문의 단위당 공헌이익
증분이익	XXX 〉0 : 특별주문 수락

STEP 1 특별주문의 공헌이익 계산

> 특별주문 공헌이익 = 특별주문량 × 특별주문의 단위당 공헌이익

특별주문 수락 여부를 결정하기 위해 가장 먼저 할 일은, 특별주문의 공헌이익을 계산하는 것이다.
특별주문 공헌이익은 위와 같이 계산한다. 특별주문은 판매가격이나 단위당 변동원가가 기존 주문
과 다를 수 있으므로 단위당 공헌이익을 따로 구해야 한다.

STEP 2 고정원가 변화

특별주문 시 고정원가가 증가하는 경우 고정원가 증가량을 계산해야 한다. 일반적으로 고정원가는
생산량과 무관하게 고정이지만, 특별주문 문제에서는 고정원가가 증가하기도 한다.

STEP 3 기존 주문 감소량 계산

특별주문 수락의 기회비용은 기존 주문량 감소이다. 특별주문량까지 추가로 생산할 수 있는 충분한 유휴생산능력이 없는 경우, 기존 주문량을 감소시켜야 특별주문량을 생산할 수 있기 때문이다. 기존 주문 감소량은 다음과 같이 계산한다.

> 기존 주문 감소량 = 기존 주문량 + 특별주문량 − 최대생산능력

예를 들어 기존 주문량이 100개, 최대생산능력이 120개인 상황에서 50개의 특별주문을 수락하면 기존 주문 감소량은 30개(= 100 + 50 − 120)이다.

만약 같은 조건에서 특별주문량이 10개라면 최대생산능력이 120개이므로 기존 주문 감소량 없이 특별주문을 소화할 수 있다. 이처럼 기존 주문 감소량이 없다면 기회비용은 없다. 기존 주문 감소량이 없다면 Step 4는 생략한다.

STEP 4 기회비용 계산

기존 주문 감소량이 있다면, 기회비용을 계산해야 한다. 기회비용은 다음과 같이 계산한다.

> 기회비용 = 기존 주문 감소량 × 기존 주문의 단위당 공헌이익

STEP 5 증분이익

> 증분이익 = 특별주문의 공헌이익 − 고정원가 증가 − 기회비용

Step 1에서 구한 특별주문의 공헌이익에서 고정원가 증가분과 기회비용을 차감하면 증분이익을 계산할 수 있다. 증분이익이 0보다 크면 특별주문을 수락하고, 0보다 작으면 특별주문을 기각한다.

예제 **관련원가 - 특별주문**

01 ㈜한국은 당기에 손톱깎이 세트 1,000단위를 생산·판매하는 계획을 수립하였으며, 연간 최대 조업능력은 1,200단위이다. 손톱깎이 세트의 단위당 판매가격은 ₩1,000, 단위당 변동원가는 ₩400이며, 총 고정원가는 ₩110,000이다. 한편, ㈜한국은 당기에 해외 바이어로부터 100단위를 단위당 ₩600에 구매하겠다는 특별주문을 받았으며, 이 주문을 수락하기 위해서는 단위당 ₩150의 운송원가가 추가로 발생한다. 특별주문의 수락이 ㈜한국의 당기이익에 미치는 영향은?

2019. 지방직 9급

① ₩35,000 감소   ② ₩5,000 감소

③ ₩5,000 증가   ④ ₩20,000 증가

● **해설**

Step 1. 특별주문의 공헌이익 계산
　　　특별주문 공헌이익 = (600 − 400 − 150) × 100개 = 5,000
Step 2. 고정원가 변화: 본 문제에서는 고정원가 변화가 없다.
Step 3. 기존 주문 감소량 계산
　　　특별주문 수락에 따른 기존 주문 감소량: 1,000 + 100 − 1,200 = (−)100개 (없음)
Step 4. 기회비용 계산: 기존 주문 감소량이 없으므로 기회비용도 없다.
Step 5. 증분이익

특별주문의 공헌이익	(600 − 400 − 150) × 100개 =	5,000
고정원가 변화		−
기회비용		−
증분이익		5,000

답 ③

11

02 ㈜서울은 ㈜한강으로부터 2012년 1년간 5,000개의 제품을 개당 ₩110에 구매하겠다는 특별주문을 받았다. 이 특별주문을 받아들일 경우 추가로 소요되는 고정 판매비와 관리비 증가분은 ₩20,000이고, 특별주문에 대해서는 변동 판매비와 관리비가 발생하지 않으며, 이외의 원가 행태에는 영향을 주지 않는다. 특별주문 전의 생산판매와 관련한 다음의 자료를 이용할 때, ㈜서울이 5,000개 제품 전체의 특별주문을 수락하는 경우, 2012년도 손익에 미치는 영향은?

2012. 국가직 9급수정

- ㈜서울의 최대생산능력은 13,000개이고 특별주문을 받아들이더라도 추가적인 설비 증설은 없다.
- 매년 평균 10,000개의 제품을 시장의 수요에 의해 생산 판매 해왔고, 특별주문을 수락하더라도 이를 제외한 시장의 수요에는 변화가 없다.
- 일반적인 판매방식의 제품 판매가격 및 발생원가
  - 제품단위당 판매가격 ₩150 / - 변동제조원가 ₩90 / - 변동 판매비와 관리비 ₩10
- 생산량과 판매량은 동일하다.
- 세금은 없다고 가정한다.

① ₩20,000 감소　　② ₩70,000 감소　　③ ₩30,000 증가　　④ ₩80,000 증가

● 해설

Step 1. 특별주문의 공헌이익 계산
　　　특별주문 공헌이익 = (110 - 90) × 5,000개 = 100,000
　　　특별주문에 대해서는 변동 판매비와 관리비가 발생하지 않으므로, 단위당 공헌이익을 계산할 때에는 단위당 변동제조원가 90만 차감해야 한다

Step 2. 고정원가 변화
　　　'이 특별주문을 받아들일 경우 추가로 소요되는 고정 판매비와 관리비 증가분은 ₩20,000'이므로 고정원가는 20,000 증가한다. 원가가 증가하므로 이익은 감소한다. 고정원가 증가분을 음수로 쓰는 것에 유의하자.

Step 3. 기존 주문 감소량 계산
　　　특별주문 수락에 따른 기존 주문 감소량: 10,000 + 5,000 - 13,000 = 2,000개

Step 4. 기회비용 계산
　　　기회비용: (150 - 100) × 2,000개 = 100,000
　　　기회비용도 고정원가와 마찬가지로 비용이므로 음수로 쓴다.

Step 5. 증분이익

특별주문의 공헌이익	(110 - 90) × 5,000개 =	100,000
고정원가 변화		(20,000)
기회비용	(150 - 100) × 2,000개 =	(100,000)
증분이익		(20,000)

참고로, 실제 기출문제에 약간의 오류가 있어서 문제를 수정하여 풀었다. 따라서 본서는 실제 답과 다르니 오해하지 말자.

답 ①

2 성과평가

성과평가란, 사전에 설정한 목표를 어느 정도 달성했는지 평가하는 과정을 의미한다. 본 장에서는 성과평가 방법으로 BSC, ROI를 다룰 것이다. 성과평가는 출제 빈도가 높지 않지만, 이 중에서는 BSC의 출제 가능성이 그나마 높다. 이외에도 RI, EVA 등의 성과평가 방법이 있지만 공무원 회계학에는 출제된 적이 없으므로 생략한다.

1. 균형성과표(BSC, Balanced Score Card)

균형성과표란, 전통적으로 중시하던 재무적 관점 외에 세 가지 비재무적 관점을 추가하여 균형 잡힌 성과평가를 하는 방법이다.

(1) 균형성과표의 네 가지 관점

균형성과표는 다음의 네 가지 관점으로 구성되어 있으며, 재무적 관점뿐 아니라 다양한 관점을 고려한다는 것이 가장 중요하다. 각 관점의 세부 내용은 중요하지 않다.

---

① 재무적 관점
② 고객 관점
③ 내부프로세스 관점
④ 학습과 성장 관점

---

(2) 균형성과표의 특징

균형성과표의 특징은 기준서와 같이 규정된 것이 없으므로, 관점에 따라 다양한 분석이 가능하다. 이를 전부 다 외우는 것은 불가능하며, '균형성과표는 여러 가지 요소들을 종합적으로 고려한다.'라는 점만 기억하고 넘어가자. 다음은 여러 특징 중 일부를 서술한 것이다.

---

① 재무적 관점 – 비재무적 관점 간의 균형
② 단기적 성과 – 장기적 성과 간의 균형
③ 객관적 측정치 – 주관적 측정치 간의 균형
④ 외부 성과지표 – 내부 성과지표 간의 균형

11

성과평가 - 균형성과표

01 균형성과표(BSC; balanced scorecard)에 대한 설명으로 옳지 않은 것은? 2013. 지방직 9급

① 단기적 성과지표와 장기적 성과지표에 대한 경영자의 균형적인 관심을 유도한다.

② 조직의 성공요소로서 유형의 자원뿐 아니라 무형의 자원에 대한 구성원들의 관심을 증가시킨다.

③ 비재무적 성과지표에 따른 전통적인 성과관리의 단점을 개선하기 위하여 재무적 성과지표에 집중하는 성과관리를 강조한다.

④ 조직의 전략을 포괄적인 성과지표로 전환하여 측정함으로써 전략경영 실행의 기본적인 틀을 제공한다.

> ● **해설**
>
> BSC는 재무적 성과지표와 비재무적 성과지표 사이의 균형을 강조한다.
>
> 답 ③

2. 투자수익률(ROI, Return On Investment)

> ROI = 이익/투자액
> 투자안의 ROI〉목표 수익률: 채택
> 투자안의 ROI〈목표 수익률: 기각

ROI란, 투자액에 대한 이익의 비율을 의미한다. ROI가 목표 수익률보다 큰 경우 투자안을 채택하고, 작은 경우 투자안을 기각한다.

예제 성과평가 - 투자수익률

01 서울상사의 가전 사업부는 투자중심점으로 운영되고 투자수익률에 근거하여 성과를 평가하는데, 목표 투자수익률은 20%이다. 가전사업부의 연간 생산 및 판매에 대한 예상 자료는 다음과 같다.

구 분	금 액
고정원가	₩60,000,000
생산 단위당 변동원가	₩3,000
생산 및 판매 대수	40,000대
평균총자산	₩100,000,000

목표 투자수익률을 달성하기 위한 가전 사업부의 제품 단위당 최소판매가격은? (단, 기초재고는 없으며 투자수익률은 평균총자산을 기준으로 한다)

2018. 지방직 9급

① ₩3,500 ② ₩4,000
③ ₩4,500 ④ ₩5,000

● 해설

목표 이익: 100,000,000 × 20% = 20,000,000
제품 단위당 판매가격을 P라고 하면, 이익은 다음과 같이 계산된다.
(P − 3,000) × 40,000 − 60,000,000 = 20,000,000
P = 5,000
목표 투자수익률을 '달성하기 위한' 판매가격이므로 목표이익이 20,000,000을 초과할 필요는 없으며, 정확히 20,000,000이어도 된다.

답 ④